Inhaltsverzeichnis

Vorwort

So lernen Sie, Ihre imaginären Gegner (Ersteller und Korrektor) besser einzuschätzen und letztlich so zu gewinnen.

Gehen Sie mit den Karteikarten spielerisch um. Setzen Sie sich nicht sofort unter Erfolgs- und Wissensdruck. Lesen Sie die Karten mehrfach, sortieren Sie nach und nach die richtig gelösten und inhaltlich bekannten Karteikarten aus. So können Sie den Kampf gegen das Vergessen für sich entscheiden.

Die lockere Variante: Es bietet sich auch an, in einer Arbeitsgemeinschaft die Karteikarten durchzugehen und so gerade fürs Mündliche zu üben. Auf diese Art wird der Spaßfaktor erhöht. Je höher die Motivation, umso besser dann die Ergebnisse.

Lernen Sie auch nicht zu easy, das Examen ist bekannterweise nicht gerade leicht. Wir sind für unser Anspruchsniveau bekannt. Den Anforderungen des Examens trägt das Karteikartenprogramm Rechnung. Reduzieren Sie so Ihre Angst vor dem Examen. Gehen Sie dann auch mit dem sicheren Gefühl ins Examen, sich richtig vorbereitet zu haben.

Gehen Sie nun ans Durcharbeiten der Karten. Sie werden sehen, es wird Ihnen Spaß machen. Für Resonanz sind wir dankbar.

Hemmer Wüst

Vorwort

A I

Gewinnen Sie mit der hemmer-Methode:

Betrachten Sie Jura als ein Strategiespiel. Jura kann spielerisch erlernt werden. So macht der Lernprozess mehr Spaß! Es kommt vor allem auf den richtigen Gebrauch der Wörter an. Gute juristische Sprache kann trainiert werden.

Gerade Karteikarten bieten die Möglichkeit, vorbildhaft zu lernen. Knapp, präzise und zweckrational im Hinblick auf das Examen werden die wichtigsten examenstypischen Problemfelder vermittelt. Die Karteikarten sind auf anspruchsvollem Niveau. Umfassend werden die Spezifika der jeweiligen Rechtsgebiete aufbereitet und möglichst verständlich erklärt.

Jede Karteikarte ist logisch und durchdacht aufgebaut:

- Die **Einleitung** führt zur Fragestellung hin und verschafft Ihnen den Überblick über die Problemstellung.
- Die **Frage oder der zu lösende** Fall konkretisiert den jeweiligen Problemkreis.
- Die **Antwort** informiert umfassend und in prägnanter Sprache.
- Die **hemmer-Methode** ist ein modernes Lernsystem und erklärt letztlich, was und wie Sie zu lernen haben. Gleichzeitig wird background vermittelt. Die typischen Bewertungskategorien eines Korrektors werden miterklärt.

Themenverzeichnis

Themenverzeichnis

Themenverzeichnis

Das Widerspruchsverfahren kann in der öffentlich-rechtlichen Klausur nicht nur als Sachurteilsvoraussetzung einer Anfechtungsklage eine Rolle spielen, sondern es können auch einmal die Erfolgsaussichten eines Widerspruchs gefragt sein. Dann müssen Zulässigkeit und Begründetheit des Widerspruchs selbst geprüft werden.

1. **Wo ist das Widerspruchsverfahren geregelt?**
2. **Skizzieren Sie den Ablauf eines Widerspruchverfahrens!**

1. Rechtsgrundlagen

Der Widerspruchsverfahren ist an sich in den §§ 68 ff. VwGO geregelt. Diese Vorschriften sind aber nicht abschließend. Viele Voraussetzungen ergeben sich erst aus der analogen Anwendung der Regelungen der VwGO in Bezug auf Anfechtungs- und Verpflichtungsklage. Das resultiert aus der notwendigen Einheitlichkeit von außergerichtlichem Vorschaltrechtsbehelf und gerichtlicher Hauptsache. Hinsichtlich der Kosten ist § 80 VwVfG (bzw. die entsprechende Regelung in den VwVfGen der Länder) zu beachten.

2. Gang des Verfahrens

a) Das Widerspruchsverfahren wird durch die Erhebung des Widerspruchs durch den Adressaten eines VAs oder durch einen Dritten eingeleitet. Der Widerspruch muss gemäß § 70 I VwGO innerhalb eines Monats nach Bekanntgabe des VA schriftlich oder zur Niederschrift bei der Behörde, die den VA erlassen hat oder bei der Widerspruchsbehörde eingereicht werden.

b) Das Widerspruchsverfahren selbst unterteilt sich nach der Einleitung in zwei Abschnitte:

- Das sog. Abhilfeverfahren durch die Ausgangsbehörde, die den VA erlassen hat, bzw. die den begehrten VA abgelehnt hat und die Entscheidung der Widerspruchsbehörde. Das Abhilfeverfahren gibt der Ausgangsbehörde die Möglichkeit, das Widerspruchsverfahren ohne die Anwendung der §§ 48, 49, 50 VwVfG zu beenden. Ist die Ausgangsbehörde allerdings weiterhin der Auffassung, dass in der Sache selbst keine andere Entscheidung ergehen kann, hilft sie dem Widerspruch nicht ab (§73 I S. 1 VwGO) und reicht den Widerspruch an die Widerspruchsbehörde weiter.
- Jetzt erst erhält die Widerspruchsbehörde in der Regel Kenntnis von dem anhängigen Verfahren – soweit nicht der Widerspruch nach § 70 I S. 2 VwGO bei ihr erhoben wurde. Sie prüft nun selbst umfassend die dem Sachverhalt zugrundeliegende Sach- und Rechtslage. Bei Entscheidungsreife erlässt die Widerspruchsbehörde schließlich einen Widerspruchsbescheid. Damit ist das Widerspruchsverfahren beendet.

> **hemmer-Methode: Die Abhilfeentscheidung scheint auf den ersten Blick überflüssig zu sein, da in der Regel davon auszugehen ist, dass die Behörde die Rechtslage schon vor Erlass des Ausgangsbescheids umfassend geprüft hat, sodass eine andere Entscheidung in der Sache unwahrscheinlich ist. Das Abhilfeverfahren gibt der Ausgangsbehörde aber die Möglichkeit, Fehler „auszubügeln“, ohne dass die Widerspruchsbehörde davon Kenntnis erlangt. Zudem eröffnet sie dem Bürger eine weitere Prüfungsinstanz und entlastet die oberen Verwaltungsbehörden.**

Das Widerspruchsverfahren muss gemäß § 68 I S. 1 VwGO vor Erhebung der Anfechtungsklage grundsätzlich durchgeführt werden (sog. Anfechtungswiderspruch). Ebenso ist vor Erhebung der Verpflichtungsklage ein Widerspruchsverfahren durchzuführen, wenn der Antrag auf Vornahme des VAs abgelehnt worden ist, § 68 II VwGO (sog. Verpflichtungswiderspruch).

A sieht am 01.09. zu, wie die Feuerwehr ein brennendes Haus löscht. Durch die „gaffende" Menschenmenge, zu der auch A gehört, werden die Löscharbeiten gestört. Die Polizei fordert die Zuschauer nach mehrmaligen Ermahnungen auf, sich von der Straße zu entfernen. Gegen diese Aufforderung erhebt A am 10.09. Klage zum Verwaltungsgericht.

Muss das Vorverfahren noch nachgeholt werden?

1. Die Frage, ob bei der Fortsetzungsfeststellungsklage (FFK) nach § 113 I S. 4 VwGO analog, bei der sich der VA vor Ablauf der Widerspruchsfrist erledigt hat, ein Vorverfahren erforderlich ist, ist umstritten.

Die Rspr. und h.M. hält das Vorverfahren für entbehrlich bzw. sogar für unstatthaft und begründet dies u.a. damit, dass der Zweck des Vorverfahrens nicht mehr erfüllt werden kann.

2. Das Widerspruchsverfahren hat grundsätzlich drei Funktionen:

- Es tritt eine Entlastung der Gerichte ein, wenn dem Widerspruch durch die Ausgangs- oder die Widerspruchsbehörde abgeholfen wird und dadurch ein Prozess vermieden wird.
- Das erneute Verwaltungsverfahren eröffnet dem Bürger eine zusätzlichen Rechtsbehelfsmöglichkeit, die ein geringeres Kostenrisiko als ein Gerichtsverfahren in sich birgt und die an weniger strenge Voraussetzungen geknüpft ist und die in der Regel auch zu der vollen Überprüfung der Zweckmäßigkeit des VA führt.
- Die Verwaltung hat durch das Widerspruchsverfahren die Möglichkeit, ihre Entscheidungen nochmals zu überprüfen und gegebenenfalls zu korrigieren, sodass von einer Selbstkontrolle der Verwaltung gesprochen werden kann.

3. Bei der FFK kann die Behörde ihre Entscheidung nicht rückgängig machen, denn ein erledigter VA kann nicht aufgehoben werden. Zudem hat die Feststellung der Rechtswidrigkeit durch die Verwaltung keine Bindungswirkung, sodass die zusätzliche Rechtsbehelfsmöglichkeit dem Bürger in diesem Fall nicht weiterhilft. Ausführlich zu diesem Streit: Hemmer/Wüst, Verwaltungsrecht II, Rn. 144 ff. und 117.

hemmer-Methode: Sie sehen, dass das Widerspruchsverfahren in rechtlicher Hinsicht einen Doppelcharakter hat: Zum einen ist es eine erneute Entscheidung der Verwaltung, zum anderen ein außergerichtlicher Vorschaltrechtsbehelf!

In vielen Bundesländern wurde das Vorverfahren auf Grundlage des § 68 S. 2 VwGO aus Kostengründen weitgehend abgeschafft.

Wirkungen des Widerspruchs

Nach § 80 I S. 1 VwGO hat der Widerspruch im Fall des § 68 I S. 1 VwGO aufschiebende Wirkung, d.h. es entsteht der sog. Suspensiveffekt, es sei denn, es liegt eine Ausnahme im Sinne des § 80 II VwGO vor.

Hilft die Ausgangsbehörde dem Widerspruch nicht ab, so erlässt den Widerspruchsbescheid in der Regel die nächsthöhere Behörde, § 73 I S. 2 Nr. 1 VwGO. Diese Wirkung nennt man Devolutiveffekt.

Die Stadt W untersagt S die Ausübung seines Gewerbes nach § 35 I S. 1 GewO. Gegen diesen Bescheid erhebt S rechtzeitig Widerspruch bei der Stadt W. Diese hilft dem Widerspruch nicht ab und leitet ihn an die zuständige Widerspruchsbehörde weiter. Während des schwebenden Widerspruchsverfahrens kommt die Ausgangsbehörde zu der Erkenntnis, dass die Untersagung nicht erforderlich war und erlässt einen Abhilfebescheid.

Durfte die Stadt W überhaupt noch tätig werden?

- Nach einer Ansicht darf die Ausgangsbehörde nach der Durchführung des Abhilfeverfahrens und der Weiterleitung der Akten an die Widerspruchsbehörde nicht mehr tätig werden, da dann eine „Abhilfe“ im Sinne des § 72 VwGO nicht mehr möglich ist. Die Ausgangsbehörde kann also den VA nur noch unter den erschwerten Voraussetzungen der §§ 48 - 50 VwVfG (oder einer dementsprechenden Spezialregelung) zurücknehmen. Begründet wird diese Ansicht damit, dass in anderen Rechtsvorschriften (z.B. bei den Beschwerden nach § 148 I VwGO, § 306 II StPO und § 571 ZPO) der Abhilfebegriff in diesem Sinne verstanden wird. Dieses Argument hinkt aber insofern, als zwar eine konkurrierende Zuständigkeit mehrerer Gerichtsinstanzen ausgeschlossen ist, im Verwaltungsverfahren aber konkurrierende Zuständigkeiten durchaus vorkommen können, vgl. nur das Selbsteintrittsrecht der übergeordneten Behörde.

- **Die Rspr. und h.M. geht deshalb davon aus, dass die Ausgangsbehörde auch nach einer negativen Abhilfeentscheidung noch zuständig ist. Es entsteht also eine Parallel- bzw. Doppelzuständigkeit von Ausgangs- und Widerspruchsbehörde.** Der Devolutiveffekt ist danach also nur ein relativer. Aus den §§ 72, 73 VwGO ergibt sich keine zeitliche Grenze, und es ist auch nicht erklärlich, weshalb der Widerspruchsbehörde ein Entscheidungsmonopol zustehen soll, insbesondere weil die Ausgangsbehörde nur eine für den Bürger positive Entscheidung treffen, dem Widerspruch „abhelfen“ darf. Eine reformatio in peius im Abhilfeverfahren gibt es nicht. Diese ist – wenn überhaupt – nur durch die Widerspruchsbehörde möglich (vgl. insoweit die vertiefende Darstellung in Hemmer/Wüst, Verwaltungsrecht I, Rn. 504 ff.). Damit stellt die Doppelzuständigkeit für den Bürger keinen Nachteil dar, sodass diese im Ergebnis zulässig ist und die Ausgangsbehörde im vorliegenden Fall den Abhilfebescheid erlassen durfte.

hemmer-Methode: Die Ausgangsbehörde kann den Abhilfebescheid natürlich nur bis zum Ende des Widerspruchverfahrens erlassen. Es gilt insoweit der Prioritätsgrundsatz!

Rechtsschutzziel und andere Rechtsbehelfe

Die Einlegung des Widerspruchs als außergerichtlicher förmlicher Rechtsbehelf ist abzugrenzen von den außergerichtlichen formlosen Rechtsbehelfen Petition, Gegenvorstellung, Fach- und Dienstaufsichtsbeschwerde.

Bei der Stadt W geht folgendes Schreiben des A ein: „Ich wende mich gegen die Baubeseitigungsverfügung vom 15.01.19. Sie können doch nicht von mir verlangen, dass ich mein Haus abreiße. Solch ein willkürliches Verhalten lasse ich mir nicht bieten! Ich verlange daher eine nochmalige Überprüfung der Angelegenheit!"

1. **Ist dieses Schreiben als Widerspruch zu bewerten?**
2. **Wie ist das Schreiben zu qualifizieren, wenn die Verfügung A am 17.01.19 per Postzustellungsurkunde zugestellt wurde, er sich aber erst am 20.02.19 dagegen zur Wehr gesetzt hat?**

1. A möchte hier gegen den Bescheid der Stadt W vorgehen. Er hat in seinem Schreiben zwar nicht ausdrücklich das Wort „Widerspruch“ verwendet, aber dies schadet nicht, da § 70 I S. 1 VwGO diesbezüglich keine hohen Anforderungen stellt. Auch im öffentlichen Recht gilt insoweit der Grundsatz „falsa demonstratio non nocet“. Das Schreiben des A ist somit auszulegen:

- Bei der Auslegung ist im Zweifel entscheidend, welche Qualifikation für den Bürger am günstigsten ist. Das ist regelmäßig der Widerspruch, da nur dieser den Suspensiveffekt bewirkt und er erforderlich ist, um sich die Möglichkeit der Klage offen zu halten. Ist – wie im vorliegenden Fall – das Schreiben des Betroffenen ausführlich dargestellt, muss allerdings auch in einer Klausur eine Abgrenzung zu den anderen außergerichtlichen Rechtsbehelfen stattfinden! - Eine ausführlichere Darstellung der außergerichtlichen Rechtsbehelfe findet sich in Hemmer/Wüst, VerwaltungsR I, Rn. 149 ff.
- In unserem Fall wendet sich A nicht gegen das Verhalten eines bestimmten Beamten, sondern gegen die Maßnahme an sich. Damit scheidet eine Dienstaufsichtsbeschwerde aus. Bei der Abgrenzung von Widerspruch und Fachaufsichtsbeschwerde ist **der Widerspruch aus den oben genannten Gründen für A der günstigere Rechtsbehelf, sodass sein Schreiben als solcher zu qualifizieren ist.**
- Bei der Auslegung einer „Beschwerde“ gegen eine Maßnahme der Verwaltung ist aber zu beachten, dass ein Widerspruch ausscheidet, wenn der Betroffene bewusst einen anderen Rechtsbehelf gewählt hat. Das ist insbesondere dann der Fall, wenn ein Rechtsanwalt das Schreiben formuliert hat oder der Betroffene ersichtlich kein Kostenrisiko eingehen wollte.

2. In der Variante ist der Widerspruch des A verfristet, § 70 I S. 1 VwGO. In diesem Fall kommt eine Behandlung des Schreibens als **Fachaufsichtsbeschwerde** in Betracht. Bei dieser wird von der Aufsichtsbehörde die Aufhebung der Maßnahme begehrt. An diese Möglichkeit ist in der Klausur immer zu denken, wenn der Widerspruch verfristet ist und der Einstieg in die Begründetheitsprüfung gesucht wird.

hemmer-Methode: In der Klausur ist die Abgrenzung zu anderen Rechtsbehelfen sinnvollerweise an den Anfang der Klausur zu stellen, da erst bei der Auslegung des Bürgerbegehrens als Widerspruch die Anforderungen des § 70 I S. 1 VwGO Anwendung finden.

Erfolgsaussichten des Widerspruchs in der Klausur

Sollte in der Klausur einmal nach den Erfolgsaussichten eines Widerspruchs gefragt sein, stellt sich die Frage, wie eine solche Prüfung aufzubauen ist. Da es sich bei dem Widerspruchsverfahren um einen Vorschaltrechtsbehelf zum Gerichtsverfahren handelt, hat der Widerspruch weitgehend die gleichen Voraussetzungen wie das Hauptsacheverfahren.

Entwerfen Sie ein Prüfungsschema zu den Erfolgsaussichten eines Widerspruchs!

Prüfungsschema zum Widerspruch

I. Zuständigkeit der Behörde

II. Zulässigkeit

1. Eröffnung des Verwaltungsrechtswegs, § 40 VwGO analog
2. Statthaftigkeit des Widerspruchs, § 68 VwGO
3. Widerspruchsbefugnis, § 42 II VwGO analog
4. Form und Frist, § 70 VwGO
5. Beteiligtenbezogene Voraussetzungen (Beteiligten- und Handlungsfähigkeit, Vertretung, §§ 11 ff. VwVfG)
6. Sonstige Voraussetzungen (z.B. Sachbescheidungsinteresse)

III. Begründetheit

Recht- und Zweckmäßigkeit des angefochtenen Verwaltungsaktes sowie subjektive Rechtsverletzung des Widerspruchsführers, §§ 68, 113 I S. 1 VwGO analog (ausführlich KK 15)

hemmer-Methode: Hat der betroffene Bürger in der Klausur einen Bescheid erhalten und ist die Frage gestellt, wie er sich dagegen zur Wehr setzen kann, obwohl im Sachverhalt keine Angaben zur Durchführung eines Widerspruchsverfahrens gemacht wurden, ist immer an die Prüfung eines Widerspruchs zu denken. Sich gleich auf die Prüfung der Erfolgsaussichten der Klage zu stürzen, wäre ein grober Fehler, da es dem Korrektor zu erkennen gibt, dass der Klausurersteller nicht an die näher liegende, einfachere und umfangreichere Möglichkeit des Widerspruchsverfahrens denkt. Insbesondere Praktiker nehmen das sehr übel!

Ist in der Klausur allerdings nach den Erfolgsaussichten einer Klage gefragt und sind keine Angaben hinsichtlich eines Widerspruchsverfahrens gemacht, kann davon ausgegangen werden, dass ein solches erfolglos durchgeführt wurde.

Entscheidungen im Abhilfeverfahren

In einer Klausur kann durchaus auch einmal nach der Entscheidung der Ausgangsbehörde im Abhilfeverfahren gefragt sein. Dabei handelt es sich im Grunde nur um einen anderen Einstieg in die Prüfung eines Widerspruchs.

Die Stadt K fordert G auf, die Bauarbeiten an seinem Haus einzustellen, da er keine Baugenehmigung beantragt hat. Gegen diesen Bescheid legt G Widerspruch ein. Während des Abhilfeverfahrens kommt die Stadt K zu dem Ergebnis, dass der Widerspruch begründet ist.

Hat sie die Pflicht, dem Widerspruch abzuhelfen oder kann sie die Sache an die Widerspruchsbehörde weiterleiten?

- **Wenn die Ausgangsbehörde den Widerspruch für begründet hält, hat sie nicht nur eine Abhilfebefugnis, sondern nach h.M. auch eine Abhilfepflicht.**

- **Hält sie dagegen den Widerspruch für nur teilweise begründet, soll sie nach wohl h.M. zu einer teilweisen Abhilfe nicht verpflichtet sein,** da es in § 72 VwGO gerade anders als in § 113 I S. 1 VwGO nicht heißt „soweit die Behörde den Widerspruch für begründet hält".

Im Ausgangsfall ist die Stadt K der Ansicht, dass der Widerspruch des G begründet ist. Das bedeutet, dass sie den Bescheid aufheben **muss**. Sie darf das Verfahren nicht an die Widerspruchsbehörde weiterleiten.

hemmer-Methode: In der Praxis ist das Abhilfeverfahren besonders in Selbstverwaltungsangelegenheiten sehr wichtig, da die Widerspruchsbehörde in diesen Fällen nur die Rechtmäßigkeit prüfen darf und nicht auch die Zweckmäßigkeit des VAs. Die Zweckmäßigkeitskontrolle liegt also allein bei der Ausgangsbehörde.

Aus diesem Grund hat die Widerspruchsbehörde der Ausgangsbehörde auch Gelegenheit zur Äußerung zu geben, wenn der Widerspruch direkt bei ihr eingelegt wurde, was nach § 70 I S. 2 VwGO ebenfalls fristwahrend wirkt. § 70 I S. 2 VwGO enthält nämlich nur eine Erleichterung hinsichtlich der Fristwahrung, stellt aber keine von §§ 72, 73 VwGO abweichende Zuständigkeit dar. Der Ausgangsbehörde ist somit in jedem Fall die Möglichkeit zur Abhilfe gegeben.

Hält die Widerspruchsbehörde den Widerspruch für unzulässig oder unbegründet, weist sie ihn zurück. Ist sie dagegen der Ansicht, dass der Widerspruch zulässig und begründet ist, gibt es für sie unterschiedliche Möglichkeiten, zu reagieren. Sie ist nicht darauf beschränkt, einen Widerspruchsbescheid zu erlassen.

A beantragt bei der Stadt W eine Reisegewerbekarte nach § 55 II GewO, da er Reinigungsmittel direkt an der Haustür verkaufen möchte. Die Stadt W lehnt seinen Antrag ab, weil sie A für unzuverlässig hält. Gegen diesen Bescheid erhebt A Widerspruch, dem die Stadt nicht abhilft. Die Widerspruchsbehörde ist dagegen der Auffassung, dass A die erforderliche Zuverlässigkeit besitzt.

Kann die Widerspruchsbehörde die Erlaubnis in Form der Reisegewerbekarte selbst erteilen?

Die Frage, ob die Widerspruchsbehörde beim Verpflichtungswiderspruch den beantragten VA selbst erlassen kann, ist umstritten.

- **Die Rspr. und h.M. gehen davon aus, dass die Widerspruchsbehörde den VA selbst erlassen kann, sie dazu aber nicht verpflichtet ist. Sie kann vielmehr auch den angegriffenen VA aufheben und die zuständige Behörde anweisen, einen neuen VA zu erlassen, der der Rechtsansicht der Widerspruchsbehörde entspricht.** Eine derartige Weisung wird die Widerspruchsbehörde in der Regel dann vornehmen, wenn ihr das entsprechende verwaltungstechnische Material nicht zur Verfügung steht. Für den Bürger stellt dieses Weisungsrecht keinen Nachteil dar, denn Ausgangs- und Widerspruchsbehörde treten dem Bürger in einem einheitlichen Verfahren gegenüber.
- Das Weisungsrecht besteht unabhängig von der möglichen Kompetenz der Widerspruchsbehörde als Aufsichtsbehörde und den damit verbundenen Beschränkungen. Die §§ 68, 73 VwGO sind insoweit leges speciales.

Im Fall kann die Widerspruchsbehörde daher die Erlaubnis selbst erteilen. In der Regel wird sie die Sache aber an die Ausgangsbehörde zurückverweisen, da diese die entsprechenden Formulare und Vordrucke parat hat.

hemmer-Methode: Beachten Sie, dass sich dieses Problem nur beim Verpflichtungswiderspruch stellen kann. Beim Anfechtungswiderspruch hebt die Widerspruchsbehörde den VA einfach auf.

Ist der Widerspruch unzulässig, weist ihn die Widerspruchsbehörde zurück. Ihr wird als „Herrin des Vorverfahrens" vom BVerwG allerdings zugestanden, dennoch über verfristete Widersprüche in der Sache zu entscheiden, soweit nicht Dritte auf die durch den Fristablauf an sich eingetretene Bestandskraft vertrauen (vgl. KK VerwaltungsR I, Rn. 198, 199).

Zuständigkeit der Widerspruchsbehörde

Die Zuständigkeit der Widerspruchsbehörde regelt sich grundsätzlich nach § 73 I S. 2 Nr. 1 VwGO. Danach ist die nächsthöhere Behörde für den Widerspruchsbescheid zuständig, soweit nicht durch Gesetz eine andere Regelung getroffen ist.

1. **Die Stadt X lehnt die Erteilung einer von A beantragten Baugenehmigung ab.**
2. **Der B-Verein aus der Gemeinde Z möchte in der Stadthalle eine Karnevalssitzung abhalten. Die Gemeinde versagt dem Verein aber die Erlaubnis dazu.**

A und B legen gegen die Bescheide Widersprüche ein, denen aber nicht abgeholfen wird. Welche Behörden sind für die Widerspruchsbescheide zuständig?

Nach § 73 I S. 2 Nr. 1 VwGO entscheidet grundsätzlich die nächsthöhere Behörde über den Widerspruch. Mit dem Begriff „nächsthöhere Behörde“ wird auf die für den Behördenaufbau maßgeblichen organisationsrechtlichen Bestimmungen des Bundes- oder Landesrechts verwiesen, wobei § 73 I S. 2 VwGO von einem dreistufigen Behördenaufbau (Ministerium - Mittelbehörden - Unterbehörden) ausgeht.

1. Im ersten Fall hat die **untere Bauaufsichtsbehörde** (je nach Bundesland in der Regel Landratsamt, Oberkreis- oder Oberstadtdirektion) den Erlass der Baugenehmigung verweigert. Damit entscheidet die Mittelbehörde (Bezirksregierung oder Regierungspräsident) über den Widerspruch, wenn diese – wie zumeist – obere bzw. höhere Baubehörde ist.

2. Hat den VA eine **Mittelbehörde** erlassen, dann wäre nach § 73 I S. 2 Nr. 1 VwGO eigentlich die oberste Behörde, also das Ministerium für den Widerspruch zuständig. § 73 I S. 2 Nr. 2 VwGO bestimmt nun aber, dass in diesem Fall die Mittelbehörde selbst den Widerspruch erteilt. Hintergrund für diese Regelung ist, die Verwaltungsspitze zu entlasten und weitgehend von Einzelfallentscheidungen freizuhalten. Die oberste Behörde muss nur dann selbst über den Widerspruch entscheiden, wenn sie selbst einen VA erlassen hat und abweichend von § 68 I S. 2 Nr. 1 ein Widerspruchsverfahren vorgeschrieben ist, z.B. § 126 BBG.

3. Im zweiten Fall handelt es sich um eine Selbstverwaltungsangelegenheit, sodass nach § 73 I S. 2 Nr. 3 VwGO grundsätzlich die **Selbstverwaltungsbehörde selbst über den Widerspruch entscheidet**, soweit nicht gesetzlich etwas anderes geregelt ist. Selbstverwaltungsangelegenheiten sind dabei alle Angelegenheiten des eigenen Wirkungskreises (zur Abgrenzung von Angelegenheiten des übertragenen Wirkungskreises vgl. z.B. die Darstellung in Hemmer/Wüst, Kommunalrecht/Bayern, Rn. 77 ff.). § 73 I S. 2 Nr. 3 VwGO wahrt vor allem die kommunale Selbstverwaltung, Art. 28 II GG. Dies muss auch der Landesgesetzgeber beachten, wenn er abweichende Regelungen schafft.

hemmer-Methode: Im Rahmen des § 73 I S. 2 VwGO ist besonders auf abweichende landesrechtliche Regelungen zu achten. Hingewiesen sei hier nur auf Art. 119 BayGO, der sowohl für § 73 I S. 2 Nr. 1 als auch für Nr. 3 VwGO Sonderregelungen enthält und auf § 185 II VwGO, der einigen Bundesländern erlaubt, von den Vorschriften dieses Paragraphen abzuweichen.

Statthaftigkeit des Widerspruchs

Die Statthaftigkeit des Widerspruchs richtet sich in erster Linie nach § 68 VwGO. Sie kann sich aber auch aus Spezialregelungen ergeben, von denen § 126 BBG die wichtigste ist. Die Statthaftigkeit entscheidet darüber, ob der Widerspruch der richtige Rechtsbehelf ist, um das erwünschte Ziel zu erreichen.

Die Stadt S erlässt an E einen Bescheid, in dem sie anordnet, dass E in das Haus des O eindringen soll. Ist der von O eingelegte Widerspruch statthaft?

1. Nach § 68 I S. 1, II VwGO ist grundsätzlich vor Erhebung von Anfechtungs- und Verpflichtungsklage die Einlegung eines Widerspruchs erforderlich. Das bedeutet, dass sich an dieser Stelle in der Klausur die Frage nach dem Vorliegen eines VA stellt. Zu eventuell bestehenden Abgrenzungsschwierigkeiten sei auf das Skript Hemmer/Wüst, Verwaltungsrecht I, Rn. 59 ff. verwiesen.

2. Es gibt aber einen Sonderfall, in dem ein Widerspruchsverfahren zwar statthaft, aber nicht erforderlich ist, obwohl kein VA vorliegt:

Nach h.M. kann ein nichtiger VA, der an sich keine Wirkungen herbeiführt, mit Widerspruch und Anfechtungsklage, die neben die Möglichkeit einer Feststellungsklage tritt, angegriffen werden. Der Bürger hat hieran ein Interesse aufgrund der Rechtsscheinswirkung, die sich aus seiner tatsächlichen Existenz ergibt (vgl. dazu auch Hemmer/Wüst, Verwaltungsrecht II, Rn. 317). **So ist auch im vorliegenden Fall, in dem die Anordnung der Behörde gegen § 123 StGB verstößt und damit nach § 44 II Nr. 6 VwVfG nichtig ist, ein Widerspruch statthaft.**

hemmer-Methode: Beachten Sie, dass das Widerspruchsverfahren hier zwar statthaft ist, dass es aber nicht erforderlich ist. Diese Konstellation ist von den Fällen zu unterscheiden, in denen das Widerspruchsverfahren nicht nur entbehrlich ist, sondern nicht statthaft. Dann ist der Widerspruch als unzulässig zurückzuweisen.

Beschwer durch Widerspruchsbescheid

Es kann vorkommen, dass der Widerspruch nicht von dem Adressaten des VA erhoben wird, sondern von einem Dritten, sog. Drittwiderspruch. Die §§ 68 ff. VwGO enthalten für diesen Fall einige Sonderregelungen.

B beantragt eine Baugenehmigung. Diese wird ihm von der zuständigen Behörde erteilt. Der Nachbar N, der den Bauplänen nicht zugestimmt hatte, ist der Ansicht, dass das Haus nicht den erforderlichen Abstand zu seinem Grundstück einhält. Ihm wird eine Ausfertigung der Baugenehmigung zugestellt. Gegen diese Genehmigung erhebt N Widerspruch. Diesen hält die Widerspruchsbehörde für zulässig und begründet und hebt daraufhin die Baugenehmigung des B auf.

B möchte seine Baugenehmigung wieder erhalten und erhebt Klage zum Verwaltungsgericht. Ist die Klage zulässig?

I. Verwaltungsrechtsweg (+)

II. Zulässigkeit

1. Die Klageart richtet sich nach dem Klagebegehren. Hier möchte B seine Baugenehmigung zurückbekommen. Das bedeutet, dass er sich nur gegen den Widerspruchsbescheid wenden muss, denn dann lebt seine Baugenehmigung gleichsam wieder auf, sog. „untoter VA", § 43 II VwVfG. Der Widerspruchsbescheid kann nämlich auch alleiniger Gegenstand einer Anfechtungsklage sein, wenn der Widerspruchsbescheid gegenüber dem ursprünglichen VA eine selbstständige Beschwer enthält, § 79 II S. 1 VwGO. Hier ist die Baugenehmigung durch den Widerspruchsbescheid aufgehoben worden. Dieser enthält also eine zusätzliche Beschwer für B im Verhältnis zum Ausgangs-VA. **Damit ist die Anfechtungsklage nach § 42 I Alt. 1 VwGO die richtige Klageart.**

2. Vor Erhebung der Anfechtungsklage muss nach § 68 I S. 1 VwGO grundsätzlich ein Vorverfahren durchgeführt werden. Dies hat B nicht getan. Das Vorverfahren könnte aber entbehrlich sein, wenn einer der Fälle des § 68 I S. 2 VwGO vorliegt. Hier kommt § 68 I S. 2 Nr. 2 VwGO in Betracht. Danach ist das Widerspruchsverfahren entbehrlich, wenn der Widerspruchsbescheid erstmalig eine Beschwer enthält. Hierunter fällt auch der Fall, dass nicht ein Dritter, sondern der Adressat selbst durch den Widerspruchsbescheid erstmalig beschwert ist. **Damit braucht B vor Erhebung der Klage kein erneutes Widerspruchsverfahren durchzuführen.**

3. B ist auch klagebefugt, § 42 II VwGO, da, nicht auszuschließen ist, dass er durch den Widerspruchsbescheid in seinen Rechten, bspw. seiner auf Art. 14 GG fußenden Baufreiheit, verletzt ist.

4. Da die weiteren Zulässigkeitsvoraussetzungen gegeben sind – von der Einhaltung der Klagefrist nach § 74 I S. 2 VwGO ist auszugehen -, **ist die Klage zulässig.**

hemmer-Methode: Ebenso zu lösen ist der umgekehrte Fall, dass die Baugenehmigung versagt wird, B Widerspruch erhebt, die Widerspruchsbehörde den VA erlässt und N sich gegen diesen mit der Anfechtungsklage wendet. Auch dann bedarf es nach § 68 I S. 2 Nr. 2 VwGO keines Vorverfahrens, da in diesem Fall der Widerspruchsbescheid für N erstmalig eine Beschwer enthält.

Zu erwähnen ist noch, dass die Widerspruchs- bzw. Abhilfebehörde vor Erlass eines Aufhebungs- oder Änderungsbescheids, der eine erstmalige Beschwer darstellt, den Betroffenen nach § 71 VwGO anzuhören hat.

Entbehrlichkeit eines Widerspruchverfahrens

Es gibt Fälle, in denen das Widerspruchsverfahren – obwohl ein VA vorliegt – nicht nur nicht erforderlich ist, sondern sogar nicht statthaft ist. Einige dieser Fälle hat die VwGO selbst geregelt.

Die zuständige Behörde will eine Abfalldeponie errichten. Sie führt zu diesem Zweck ein Planfeststellungsverfahren ordnungsgemäß durch. N, der etwa 200 m von der geplanten Deponie entfernt ein Ferienhaus besitzt, befürchtet, durch den entstehenden Geruch belästigt zu werden. Er erhebt deshalb rechtzeitig gegen den Plan Einwendungen. Trotzdem wird der Plan festgestellt. Gegen diesen Planfeststellungsbeschluss erhebt N Widerspruch.

Ist das Widerspruchsverfahren statthaft?

1. Der Planfeststellungsbeschluss ist i.d.R. ein VA i.S.d. § 35 I S. 2 VwVfG (vgl. zur umstrittenen Rechtsnatur des Planfeststellungsbeschlusses Hemmer/Wüst, Verwaltungsrecht I, Rn. 380), gegen den mit der Anfechtungsklage vorgegangen werden kann, sodass eigentlich nach § 68 I S. 1 VwGO ein Widerspruchsverfahren statthaft ist. § 68 I S. 2 VwGO bestimmt jedoch Fälle, in denen ein solches nicht statthaft ist. Fraglich ist, ob hier ein solcher Fall vorliegt. Ein in § 68 I S. 2 VwGO direkt genannter Fall liegt nicht vor. Die Durchführung eines Vorverfahrens könnte aber durch Gesetz ausgeschlossen sein. Hier wurde ein Planfeststellungsverfahren durchgeführt. Nach §§ 74 I S. 2, 70 VwVfG muss vor Erhebung einer Klage, die einen Planfeststellungsbeschluss zum Inhalt hat, kein Vorverfahren durchgeführt werden. Das heißt, dass hier ein Widerspruch bereits unstatthaft, also unzulässig ist. **Somit ist der von N erhobene Widerspruch unstatthaft. Er muss gleich Klage zum Verwaltungsgericht erheben.**

2. Ein weiterer gesetzlich geregelter Fall, in dem die Durchführung eines Widerspruchverfahrens nicht erforderlich ist, **ist z.B. die Untätigkeitsklage nach § 75 S. 1 Alt. 2 VwGO,** wenn die Behörde auf einen gestellten Antrag hin untätig bleibt. Dann kann der Bürger gleich Klage erheben, ein Widerspruchsverfahren ist nicht erforderlich. Er muss also keinen zweiten Antrag bei der Behörde stellen. Einen „Untätigkeitswiderspruch“ kennt die VwGO nicht. § 75 S. 1 Alt. 1 VwGO verzichtet hingegen nicht auf die Durchführung des Vorverfahrens im Ganzen, sondern nur auf den Abschluss durch Erlass eines Widerspruchsbescheides. Die ordnungsgemäße Einlegung des Widerspruchs ist hier weiter erforderlich.

hemmer-Methode: Achten Sie darauf, dass in den Fällen, in denen das Gesetz vorschreibt, dass ein Widerspruchsverfahren nicht erforderlich ist, der Widerspruch bereits unzulässig ist. Bei der Prüfung der Anfechtungsklage führen diese Ausnahmen dagegen dazu, dass die Klage auch ohne die Durchführung des Vorverfahrens zulässig ist!

Dagegen ist in den gesetzlich nicht geregelten Fällen, in denen das Widerspruchsverfahren entbehrlich ist (vgl. Hemmer/Wüst, Verwaltungsrecht I, Rn. 171 ff.), der Widerspruch nicht unstatthaft, sondern nur nicht erforderlich. Das bedeutet, dass diese Fälle in der Klausur regelmäßig bei der Prüfung der Zulässigkeit einer Anfechtungsklage auftreten, wenn kein Vorverfahren durchgeführt wurde. Bei der Prüfung der Statthaftigkeit des Widerspruchs spielen sie keine Rolle, da sie jedenfalls nicht zur Unstatthaftigkeit führen. Etwas anderes wird nur für den Fall der Erledigung vertreten. Hat sich der VA vor Widerspruchseinlegung erledigt, ist ein Widerspruch nicht nur entbehrlich, sondern nach h.M. sogar unzulässig!

Die Widerspruchsbefugnis ist nach allgemeiner Ansicht im Rahmen der Zulässigkeit des Widerspruchs zu prüfen, obwohl sie nicht explizit geregelt ist.

Welche Gemeinsamkeiten und welche Unterschiede bestehen zwischen Widerspruchsbefugnis und Klagebefugnis?

Die Widerspruchsbefugnis ist nicht explizit im Gesetz geregelt. **Dennoch ist man sich einig, dass nur derjenige einen Widerspruch erheben darf, der geltend machen kann, in seinen Rechten verletzt zu sein.** Im Rahmen der Klagebefugnis ergibt sich dies aus § 42 II VwGO. Diese Vorschrift wird für die Widerspruchsbefugnis analog angewendet. Begründet wird diese zusätzliche Voraussetzung damit, dass es sich zum einen um einen Vorschaltrechtsbehelf für das verwaltungsgerichtliche Verfahren handelt, sodass gleiche Anforderungen an die Geltendmachung des Rechtsbehelfs gerechtfertigt sind, und zum anderen damit, dass ein „Popularwiderspruch" für die Verwaltung mit einem erheblichen Zeit- und Kostenaufwand verbunden wäre. Auch die Verfassung steht der Widerspruchsbefugnis nicht entgegen, da Art. 19 IV GG nur dann den Rechtsweg garantiert, wenn der Betroffene in seinen Rechten verletzt ist.

- I.R.d. Widerspruchsbefugnis stellen sich in der Regel die gleichen Probleme wie bei der Klagebefugnis, so z.B. die Frage nach der Möglichkeit der subjektiven Rechtsverletzung und der Anwendung der „Adressatentheorie", oder die Frage, ob sich der Widerspruchsführer auf eine drittschützende Norm berufen kann. Zu diesem Problemkreis sei auf Hemmer/Wüst, Verwaltungsrecht I, Rn. 114 ff. und Hemmer/Wüst, Verwaltungsrecht II, Rn. 38 ff. verwiesen.

- Unterschiede zwischen Widerspruchs- und Klagebefugnis ergeben sich aber bei der Frage des Prüfungsumfangs. Beim Widerspruch gegen eine Ermessensentscheidung findet nämlich in der Regel zusätzlich zur Rechtmäßigkeitsprüfung noch eine Zweckmäßigkeitsprüfung statt. Das führt dazu, dass bei Ermessensverwaltungsakten die Widerspruchsbehörde die Entscheidung noch einmal vollständig und unter allen in Betracht kommenden Gesichtspunkten überprüft, das Verwaltungsgericht dagegen nur in beschränktem Umfang Ermessensfehler überprüft (§ 114 S. 1 VwGO), vgl. dazu Hemmer/Wüst, Verwaltungsrecht I, Rn. 356 ff.

hemmer-Methode: In der Klausur können Sie diesen unterschiedlichen Prüfungsumfang am besten dadurch darstellen, dass Sie die Prüfung der Widerspruchsbefugnis folgendermaßen einleiten: „Der Widerspruchsführer müsste nach § 42 II VwGO analog widerspruchsbefugt sein. Das ist er, wenn er geltend machen kann, durch die Rechtswidrigkeit des VAs (bzw. seiner Ablehnung) in seinen Rechten oder durch die Unzweckmäßigkeit in seinen rechtlich geschützten Interessen beeinträchtigt zu sein."

Ordnungsgemäße Widerspruchserhebung

Nach § 70 I S. 1 VwGO muss der Widerspruch schriftlich oder zur Niederschrift, d.h. unter schriftlicher Aufnahme durch einen Amtsträger und anschließender Unterzeichnung durch den Widerspruchsführer, eingelegt werden.

M erhält aufgrund einer kommunalen Verpackungssteuersatzung am 17.02. einen Steuerbescheid. Er ist damit nicht einverstanden, zahlt aber dennoch. Eine Woche später geht M zur Gemeindeverwaltung. Dort trifft er zufällig Bürgermeister B. M spricht B daraufhin wegen des Bescheids an und legt ihm dar, dass er eine solche Steuer für rechtswidrig hält und deshalb dagegen vorgehen will. B notiert sich die Argumente und liest M noch einmal vor, was er aufgeschrieben hat. M gibt sich damit zufrieden, unterschreibt aber nichts. Als sich die Behörde am 03.06. immer noch nicht gemeldet hat, erhebt M Klage zum Verwaltungsgericht mit dem Antrag, den Bescheid aufzuheben.

Ist diese Klage zulässig?

I. Verwaltungsrechtsweg (+), insbesondere keine Sonderzuweisung an die Finanzgerichte

II. Zulässigkeit

1. Richtige Klageart ist hier die **Anfechtungsklage,** da der Bescheid einen VA i.S.d. § 35 S. 1 VwVfG darstellt.

2. M ist auch **klagebefugt,** § 42 II VwGO, da es sich bei dem Bescheid um einen belastenden VA handelt, sodass eine Rechtsverletzung nicht auszuschließen ist, „Adressatentheorie".

3. Durch die erfolgte Zahlung ist auch das **Rechtsschutzbedürfnis** nicht entfallen, da der Steuerbescheid auch nach Zahlung noch wirksam ist und gleichsam den Rechtsgrund für das Behaltendürfen darstellt. Eine Erledigung ist deshalb nicht eingetreten.

4. Es müsste aber auch ein ordnungsgemäßes, erfolgloses **Vorverfahren** stattgefunden haben, §§ 68 ff. VwGO.

- Mangels Widerspruchsbescheids fehlt es jedenfalls an dem abgeschlossenen Vorverfahren. Der Widerspruchsbescheid als Abschluss des Vorverfahrens könnte jedoch entbehrlich sein, wenn ein Fall der sog. Untätigkeitsklage nach § 75 S. 1 Alt. 1 VwGO vorliegt. Dann müsste M einen Widerspruch erhoben haben, über den die Behörde innerhalb von drei Monaten nicht entschieden hat. M hat explizit keinen Widerspruch erhoben. Sein Gespräch mit dem Bürgermeister könnte aber als Einlegung eines Widerspruchs gewertet werden. In dem Gespräch wurde klar, dass M den Steuerbescheid keinesfalls gegen sich gelten lassen wollte, sodass ein Rechtsbehelfswille vorlag, der für B auch erkennbar war. Insofern ist eine Auslegung angebracht, die dem Begehren des Bürgers weiterhilft. Das ist hier die Einlegung eines Widerspruchs.
- Fraglich ist aber, ob die Einlegung auch in der von § 70 I S. 1 VwGO geforderten Form erfolgte. M hat seinen Widerspruch nicht schriftlich eingereicht. Über seine Willensäußerung könnte aber eine Niederschrift angefertigt worden sein, indem B sich Notizen gemacht hat. Die Niederschrift ist zwar grundsätzlich zu unterschreiben, um die Übereinstimmung des Protokolls mit dem Willen des Bürgers zu dokumentieren, jedoch ist dies nicht erforderlich, wenn der Wille des Bürgers feststeht und die Widerspruchsschrift mit dessen Willen in den Verkehr gelangt. Die Anforderungen bei der Erhebung des Widerspruchs sind also nicht so streng wie bei der Klageerhebung. Damit hat M einen Widerspruch eingelegt. Dies erfolgte auch rechtzeitig innerhalb der Monatsfrist, § 70 I S. 1 VwGO. **Im Ergebnis ist die Klage des M somit zulässig.**

hemmer-Methode: Hinsichtlich weiterer Probleme bei der ordnungsgemäßen Widerspruchserhebung sei auf die entsprechende Problematik bei der Klageerhebung und deren ausführliche Darstellung in Hemmer/Wüst, Verwaltungsrecht I, Rn. 211 ff. verwiesen.

Nach § 70 I S. 1 VwGO ist der Widerspruch innerhalb eines Monats (also nicht „in vier Wochen“!), nachdem der VA dem Beschwerten bekannt gegeben (also nicht „zugestellt“) worden ist, einzulegen.

Damit stellt sich die Frage, was passiert, wenn dem Betroffenen der VA überhaupt nicht bekannt gegeben wird. Das Standardbeispiel dazu, dass Sie unbedingt kennen müssen, ist folgender Fall:

Bauherr B erhält am 17.03.2018 eine Baugenehmigung, die jedoch dem Nachbarn N aufgrund eines Fehlers der Behörde nicht bekannt gegeben wird. B fängt aus finanziellen Gründen nicht sofort mit den Bauarbeiten an, sondern erst Anfang April 2019. N sieht, dass B auf seinem Grundstück ein Haus errichtet, unternimmt aber zunächst nichts. Erst als im Herbst 2019 das Haus des B fertiggestellt ist, legt N Widerspruch gegen die Baugenehmigung des B ein.

Steht dem N noch ein Widerspruchsrecht zu?

1. Die Frist des § 70 I S. 1 VwGO läuft erst mit der Bekanntgabe, die hier nicht erfolgte. Sie kann wegen des Wortlauts dieser Vorschrift auch nicht mit der Kenntnis vom VA zu laufen beginnen. Nicht einmal die Jahresfrist der §§ 70 II, 58 II VwGO kann zu laufen beginnen, da auch diese zumindest eine Bekanntgabe voraussetzt.

2. Allerdings kann nach h.M. das Widerspruchsrecht verwirkt werden, d.h. der Betroffene würde missbräuchlich handeln, wenn er sich lange nach sicherer Kenntnis auf die fehlende Bekanntgabe berufen würde. Der Verwirkungszeitraum kann nicht genau beziffert werden, die wohl h.M. orientiert sich aber an der Jahresfrist des § 58 II VwGO, wobei natürlich auf den Zeitpunkt der Kenntnisnahme, nicht auf den Zeitpunkt des Erlasses des VAs abgestellt werden muss. Im vorliegenden Beispiel würde die Verwirkung also nicht bereits am 17.03.2018, sondern erst im April 2019 eintreten. Die Jahresfrist ist aber nur ein Anhaltspunkt, sodass die Verwirkung auch erst später oder schon früher eintreten kann, so z.B. wenn N den Widerspruch erst so spät eingelegt hat, um B besonders stark zu schädigen.

hemmer-Methode: 1. Streitig ist, ob die Widerspruchsfrist nach § 57 II VwGO, § 222 I ZPO, §§ 187 ff. BGB oder nach §§ 79, 31 I VwVfG, §§ 187 ff. BGB zu erfolgen hat. Dieser Streit kann regelmäßig dahinstehen, da die Verweisungsketten jedenfalls bei den §§ 187 ff. BGB enden, bzw. § 222 II ZPO und § 193 BGB inhaltsgleiche Regelungen enthalten.

2. Nach § 70 I S. 2 VwGO wirkt auch die Einlegung des Widerspruchs bei der Widerspruchsbehörde fristwahrend. Dagegen reicht es nicht aus, wenn der Widerspruch bei einer falschen Behörde eingelegt wird. Diese ist zwar verpflichtet, den Widerspruch an die richtige Behörde weiterzuleiten, gelangt der Widerspruch aber dennoch zu spät zu der richtigen Behörde, muss der Betroffene dies gegen sich gelten lassen.

3. Schließlich stellt sich im Rahmen der Prüfung der verwaltungsgerichtlichen Klage immer wieder die Situation dar, dass die Widerspruchsbehörde über einen eigentlich verfristeten Widerspruch in der Sache entschieden hat. Damit verbindet sich die Frage, ob die Widerspruchsbehörde so handeln durfte, was gleichsam eine „Heilung" im untechnischen Sinn zur Folge hätte. Das BVerwG gesteht der Widerspruchsbehörde als „Herrin des Vorverfahrens" zu, über verfristete Widersprüche zu entscheiden, soweit nicht Dritte auf die durch den Fristablauf an sich eingetretene Bestandskraft vertraut haben. Begründet wird dies vor allem damit, dass § 70 VwGO dem Schutz des Rechtsträgers der Widerspruchsbehörde dient, der auf diesen Schutz verzichten kann, vgl. ausführlich zu diesem Problem Hemmer/Wüst, Verwaltungsrecht I, Rn. 198, 199.

Der (Anfechtungs-) Widerspruch ist begründet, wenn der angegriffene VA rechtswidrig und der Widerspruchsführer dadurch in seinen Rechten verletzt ist oder wenn der VA unzweckmäßig und der Widerspruchsführer dadurch in seinen rechtlich geschützten Interessen beeinträchtigt ist, §§ 113 I analog, 68 ff. VwGO.

Wie gehen Sie am sinnvollsten in der Begründetheitsprüfung im Widerspruchsverfahren vor?

1. Prüfungsschema:

- Obersatz
- objektive Rechtmäßigkeit des VAs
- subjektive Rechtsverletzung des Widerspruchsführers
- Zweckmäßigkeit des VAs
- Verletzung rechtlich geschützter Interessen des Widerspruchsführers

2. Da der Widerspruch ein Vorschaltrechtsbehelf für die Anfechtungs- und Verpflichtungsklage ist, finden § 113 I VwGO bzw. § 113 V VwGO analoge Anwendung. Das bedeutet, dass die Behörde die Recht- und Zweckmäßigkeit des VAs bzw. das Bestehen eines Anspruchs auf Erlass eines VAs sowie die Rechtsverletzung des Widerspruchsführers zu prüfen hat. In der Klausur bietet es sich an, diesen erweiterten Prüfungsumfang bereits im Obersatz anzusprechen, um dem Korrektor so die Unterschiede zum Prüfungsumfang des Verwaltungsgerichts deutlich zu machen (ein Formulierungsbeispiel für den Anfechtungswiderspruch findet sich auf der Vorderseite dieser Karteikarte).

3. Im Gegensatz zum verwaltungsgerichtlichen Verfahren ist das Widerspruchsverfahren ein gegnerloses Verfahren. **Die Prüfung der Passivlegitimation (bzw. des „Widerspruchsgegners" in der Zulässigkeit) findet also nicht statt.**

4. Im Rahmen der Prüfung der **Rechtmäßigkeit des VAs** (bzw. der Anspruch des Widerspruchsführers auf den Erlass des begehrten VAs) ergeben sich die gleichen Probleme wie bei der Begründetheitsprüfung im verwaltungsgerichtlichen Verfahren, insoweit kann hier auf die Ausführungen in Hemmer/Wüst, VerwaltungsR I, Rn. 263 ff. und VerwaltungsR II, Rn. 55 ff. verwiesen werden.

5. Bei der **Zweckmäßigkeitsprüfung** wird geprüft, ob die Behörde ihr Ermessen richtig ausgeübt hat. Im Rahmen des Widerspruchsverfahrens wird nicht nur geprüft, ob Ermessensfehler vorliegen, sondern es findet eine neue Ermessensausübung statt. Im Ersten Examen wird allerdings in der Regel keine eigene Ermessensausübung verlangt, da hierfür der Sachverhalt zu wenig Anhaltspunkte geben wird. Es genügt dann der Hinweis, dass für eine vom Ermessen der Ausgangsbehörde abweichende Beurteilung keine Anhaltspunkte gegeben sind.

hemmer-Methode: Beachten Sie schließlich noch, dass für die Frage nach der maßgeblichen Sach- und Rechtslage sowohl beim Anfechtungs- als auch beim Verpflichtungswiderspruch grundsätzlich auf den Zeitpunkt der Entscheidung der Widerspruchsbehörde abzustellen ist.

Art. 19 IV GG garantiert jedermann, der durch ein Verhalten der Exekutive in seinen subjektiv-öffentlichen Rechten verletzt ist, gerichtlichen Rechtsschutz. Diese Garantie kann aber nur dann erfüllt sein, wenn der Rechtsschutz auch effektiv ist. Effektivität heißt aber in besonderem Maße Rechtzeitigkeit. Das bedeutet, dass dem vorläufigen Rechtsschutz die Aufgabe zukommt, den Bürger vor dem Vollzug einer Entscheidung zu schützen, der ihn unter Umständen vor vollendete Tatsachen stellt, die auch nach einem obsiegenden Urteil in der Hauptsache nicht mehr rückgängig gemacht werden können. Diesem Schutz vor irreparablen Ergebnissen hat das BVerfG i.R.d. Art. 19 IV GG besondere Bedeutung zugemessen und seinen verfassungsrechtlichen Status hervorgehoben.

Welche Arten des vorläufigen Rechtsschutzes kennt die VwGO und wie grenzt man sie ab?

1. Die VwGO kennt zwei Arten des vorläufigen (einstweiligen) Rechtsschutzes:

- **Nach § 80 I S. 1 VwGO haben Widerspruch und Anfechtungsklage aufschiebende Wirkung.** In den Fällen des § 80 II VwGO entfällt die aufschiebende Wirkung von Widerspruch und Anfechtungsklage. Dann besteht die Möglichkeit, diesen Suspensiveffekt nach **§ 80 V VwGO bzw. § 80a III VwGO gerichtlich anzuordnen** bzw. wieder herzustellen. Das bedeutet, dass bei belastenden VAen in der Regel Rechtsschutz bereits durch Erhebung des Widerspruchs gewährt wird. Nur in den Fällen des § 80 II VwGO muss ein gerichtliches Eilverfahren durchgeführt werden.
- **Nach § 123 VwGO (bzw. § 47 VI VwGO im verwaltungsgerichtlichen Normenkontrollverfahren) kann das Gericht eine einstweilige Anordnung in Bezug auf den Streitgegenstand treffen.** Die einstweilige Anordnung nach § 123 VwGO ist immer dann einschlägig, wenn es nicht um die Suspendierung eines belastenden VAs geht, § 123 V VwGO.

2. Die Abgrenzung zwischen beiden Formen des vorläufigen Rechtsschutzes bestimmt sich somit nach § 123 V VwGO:

- Nach § 123 V VwGO ist § 80 V VwGO lex specialis und damit vorrangig zu prüfen. Somit ist § 80 VwGO bzw. § 80a VwGO einschlägig, wenn der Antrag auf die erstmalige Anordnung bzw. Wiederherstellung der aufschiebenden Wirkung gerichtet ist. Dies ist jedenfalls dann der Fall, wenn in der Hauptsache die Anfechtungsklage die richtige Klageart ist, wenn also Streitgegenstand ein belastender VA ist. Geht es nicht um aufschiebende Wirkung von Widerspruch und Klage ist ein Eilantrag nach § 123 VwGO statthaft.
- In der Klausur ist damit als Einstiegsnorm i.R. der Statthaftigkeit § 123 V VwGO zu zitieren. Anhand dieser Vorschrift hat dann die Abgrenzung von § 80 VwGO und § 123 VwGO stattzufinden.

hemmer-Methode: Der vorläufige Rechtsschutz nach §§ 80, 123 VwGO, der sich gegen das Handeln der Behörde in einem bereits bestehenden Rechtsstreit richtet, ist vom vorbeugenden Rechtsschutz zu unterscheiden, mit dem gegen zukünftiges Handeln der Verwaltung vorgegangen werden kann. Allerdings schließen sich vorbeugender und vorläufiger Rechtsschutz nicht gegenseitig aus. Vielmehr macht der vorbeugende Rechtsschutz aufgrund des Zeitfaktors regelmäßig nur als Eilantrag Sinn.

Aufschiebende Wirkung des § 80 I VwGO

Vor Eintritt seiner Unanfechtbarkeit ist der VA wirksam, egal ob er rechtmäßig oder rechtswidrig ist, § 43 II VwVfG (Ausnahme: nichtiger VA, § 43 III VwVfG). Da der wirksame VA als Vollstreckungstitel dient, kann sich die Behörde selbst ihren Vollstreckungstitel schaffen. Als Ausgleich für diese scharfe Waffe kann der Bürger durch Einlegung eines Widerspruchs die aufschiebende Wirkung herbeiführen.

1. **Die Klassenkonferenz des W-Gymnasiums entscheidet, dass A von der Schule verwiesen wird, da er wiederholt seine Mitschüler ausgeraubt hat. Gegen diesen Beschluss erhebt A, vertreten durch seine Eltern, Widerspruch.**
2. **Außerdem wird von der zuständigen Behörde in Form einer Allgemeinverfügung beschlossen, dass das W-Gymnasium in eine Gesamtschule umgewandelt werden soll. Dagegen erhebt Schüler B Widerspruch.**

Der Schulleiter fragt sich, ob A weiterhin am Unterricht teilnehmen darf und ob seine Schule noch Gymnasium ist, denn außer B hat niemand gegen die Umwandlung Widerspruch eingelegt.

1. A kann weiterhin am Unterricht teilnehmen, wenn der Verweis nicht vollzogen werden kann. Das ist dann der Fall, wenn es sich bei der Maßnahme um einen VA handelt, da der Widerspruch dann nach § 80 I S. 1 VwGO aufschiebende Wirkung hat. A steht als Schüler in einem Sonderstatusverhältnis (früher: besonderes Gewaltverhältnis) zur Schule. Für die Qualifikation einer Anordnung ist in diesem Verhältnis darauf abzustellen, ob die jeweilige Maßnahme nur den laufenden Schulbetrieb intern regelt oder sich als Eingriff in die Stellung des Schülers als Träger eigener Rechte darstellt. Der Schulverweis stellt einen solchen Eingriff dar, da er die persönliche Rechtsstellung des Schülers berührt (ausführlich zu diesem Thema: Hemmer/Wüst, Verwaltungsrecht I, Rn. 96 ff.). **Damit liegt ein VA vor, sodass der Widerspruch aufschiebende Wirkung hat und A am Unterricht teilnehmen darf.**

2. Die Frage, ob die Schule noch Gymnasium ist oder bereits Gesamtschule hängt davon ab, ob der Widerspruch des B aufschiebende Wirkung hat. Dann müsste es sich zunächst um einen VA handeln. In einigen Bundesländern erfolgt die Umwandlung einer Schule durch Rechtsverordnung, aber hier soll dies durch VA geschehen. Es handelt sich um einen VA in Form der Allgemeinverfügung, § 35 S. 2 VwVfG, sodass der Widerspruch grundsätzlich nach § 80 I S. 1 VwGO aufschiebende Wirkung hat. Fraglich ist nur der Umfang, den dieser Suspensiveffekt hat. Bei Allgemeinverfügungen ist hier zu differenzieren:

- Wenn die Verfügung eine im Voraus nicht feststellbare Zahl von Personen betrifft und die diesen gegenüber ergangene Regelung in einem untrennbaren Zusammenhang steht, wird die Allgemeinverfügung auch in Bezug auf die Dritten von der aufschiebenden Wirkung erfasst.
- Anders ist die Rechtslage, wenn die Allgemeinverfügung nur ein Bündel von VAen darstellt und für jeden Betroffenen eine gesonderte Regelung getroffen werden kann, so z.B. durch eine Ampel.

Im vorliegenden Fall kann die Entscheidung über die Umwandlung der Schule nur einheitlich ergehen, sodass die aufschiebende Wirkung für alle Betroffenen gilt und die Schule zunächst Gymnasium bleibt.

hemmer-Methode: Sie sehen, dass Gegenstand in der Klausur durchaus auch einmal ein VA in Form der Allgemeinverfügung sein kann. Der Schwerpunkt wird dann in der Regel in der Abgrenzung der Allgemeinverfügung von der Rechtsverordnung liegen (ausführlich dazu: Hemmer/Wüst, Verwaltungsrecht I, Rn. 80 ff.).

Rechtsfolgen der aufschiebenden Wirkung

I.R. der aufschiebenden Wirkung von Widerspruch und Anfechtungsklage stellt sich die Frage, welche konkreten Rechtsfolgen daraus resultieren und welche Vorteile der Betroffene dabei hat. Da § 80 I S. 2 VwGO diese Wirkung auch auf rechtsgestaltende und feststellende VAe erweitert, muss der durch den Suspensiveffekt hergestellte Zustand noch über eine bloße Vollstreckungshemmung hinausgehen. Ansonsten hätte diese Vorschrift keinen Sinn.

Welche Theorien werden zur Rechtsfolge der aufschiebenden Wirkung vertreten?

Dazu werden insgesamt drei Theorien vertreten: die strenge Wirksamkeitstheorie, die eingeschränkte Wirksamkeitstheorie und die sog. Vollziehbarkeitstheorie:

1. Nach der **strengen Wirksamkeitstheorie** erfasst die aufschiebende Wirkung den VA insgesamt, d.h. die Wirksamkeit wird bis zur rechtskräftigen Entscheidung aufgeschoben, mit der Folge, dass der VA ex nunc erst dann wirksam wird, wenn nach der Klärung der Rechtslage die aufschiebende Wirkung entfällt.

2. Die **Vollziehbarkeitstheorie**, die insbesondere vom BVerwG vertreten wird, besagt dagegen, dass aufschiebende Wirkung lediglich Vollzugshemmung bedeutet, die weder die Wirksamkeit des VAs noch dessen „Inkrafttreten" berührt, sondern ein umfassendes Verwirklichungs- und Ausnutzungsverbot des VAs darstellt. Damit wird nicht nur die Vollstreckung des VA durch die Behörde, sondern auch die Umsetzung einer Begünstigung durch den Adressaten verhindert. Die erfolglos angefochtene Entscheidung bleibt also von Anfang an rechtswirksam.

3. Nach der **eingeschränkten Wirksamkeitstheorie** hemmen Widerspruch und Anfechtungsklage die Wirksamkeit des VAs nur vorläufig. Wird der VA bestandskräftig, so entfällt die schwebende Unwirksamkeit im Gegensatz zur strengen Wirksamkeitstheorie rückwirkend.

4. Fraglich ist also, welcher Theorie zu folgen ist. Die strenge Wirksamkeitstheorie ist abzulehnen, da sie den gesetzlich vorgesehenen Wirksamkeits- und Aufhebungsmechanismus zwischen § 43 II VwVfG und § 80 I VwGO einseitig zu Lasten des § 43 VwVfG löst. Zudem soll der Suspensiveffekt die Position des Betroffenen vor der endgültigen Entscheidung schützen, nicht dagegen Vorteile gewähren, die ihm nach materiellem Recht nicht zustehen (vgl. BVerwGE 24, 92 [98]).

Überzeugend ist vielmehr die Vollziehbarkeitstheorie, da sie zum einen dem **Wortlaut des § 43 VwVfG entspricht,** der die Wirksamkeit des VA bis zu seiner Aufhebung bestimmt und den Suspensiveffekt nicht erwähnt und zum anderen **dem gesetzlich vorgesehenen Mechanismus gerecht wird.**

hemmer-Methode: Die unterschiedlichen Theorien wirken sich in der Regel dann nicht aus, wenn Widerspruch oder Anfechtungsklage erfolgreich sind, denn dann wird der VA ex tunc aufgehoben.

Auswirkung des Meinungsstreits

Der Theorienstreit wirkt sich v.a. bei VAen aus, die laufende Leistungen gewähren, da sich dort die Frage stellt, ob der Betroffene die Leistungen, die er während des laufenden Verfahrens bekommen hat, zurückzahlen muss.

Das Bundesforschungsministerium bewilligte dem Autohersteller M im Jahr 2015 Subventionen zum Ausbau einer Forschungsabteilung, in der schadstoffarme Fahrzeuge entwickelt werden sollen. Die Vergabekriterien sehen vor, dass über einen Zeitraum von fünf Jahren vierteljährlich 300.000,- € zur Verfügung gestellt werden. Im Jahr 2017 gerät M in finanzielle Schwierigkeiten und es werden einschneidende Sparmaßnahmen eingeleitet, die dazu führen, dass die subventionierte Forschungsabteilung erheblich verkleinert wird. Das Geld des Bundes wird für andere Zwecke verwendet. Nachdem das Ministerium hiervon Kenntnis erlangt hat, widerruft es den Bewilligungsbescheid. Hiergegen erhebt M erfolglos Anfechtungsklage.

M möchte nun wissen, ob er die nach Klageerhebung erhaltenen Bezüge zurückzahlen muss.

Im vorliegenden Fall stellt sich die Frage nach den Rechtsfolgen der durch die Anfechtungsklage herbeigeführten aufschiebenden Wirkung bei einem erfolglos angegriffenen VA, der laufende Bezüge gewährt.

- Nach der **strengen Wirksamkeitstheorie** wird der VA erst dann wirksam, wenn die aufschiebende Wirkung nach der Klärung der Rechtslage entfällt. Das bedeutet in unserem Fall, dass der Widerruf der Subventionsbewilligung erst von dem Moment an wirksam ist, in dem er bestandskräftig geworden ist, mit der Folge, dass für die Zeit zwischen Widerruf und Bestandskraft der Bewilligungsbescheid Rechtsgrund für die Subventionsbezüge ist. **Ein Rückzahlungsanspruch der Behörde nach § 49a I S. 1 VwVfG würde also scheitern, sodass M das Geld behalten könnte.**
- Nach der **Vollziehbarkeitstheorie** bleibt der erfolglos angefochtene VA von Anfang an wirksam. Zwar musste die Behörde aufgrund des weit verstandenen Begriffs der Vollziehung bis zur endgültigen Klärung die Zahlungen fortsetzen. Nach Eintritt der Rechtskraft wird diese Vollzugshemmung aber rückwirkend beseitigt, sodass der Anspruch auf die Zahlung ex tunc entfällt. **Für das nach Erhebung des Widerspruchs gezahlte Geld bestand also kein Rechtsgrund mehr und die Behörde kann daher das Geld nach § 49a VwVfG zurückverlangen.**
- Die **eingeschränkte Wirksamkeitstheorie** kommt hier zum gleichen Ergebnis wie die Vollziehbarkeitstheorie, da die schwebende Unwirksamkeit rückwirkend entfällt.

Da aus den auf Karteikarte 18 genannten Gründen der Vollziehbarkeitstheorie zu folgen ist, muss M im Ergebnis das Geld zurückzahlen.

hemmer-Methode: Zu weiteren Subventionsproblemen vgl. Hemmer/Wüst, Verwaltungsrecht II, Rn. 12 ff.

Abhängigkeit von Rechtsbehelf

Umstritten ist, ob die aufschiebende Wirkung von der Zulässigkeit oder Begründetheit des Rechtsbehelfs abhängt.

In München soll eine Mülldeponie errichtet werden. Das dafür nach § 31 II S. 1 KrW-/AbfG erforderliche Planfeststellungsverfahren wurde ordnungsgemäß durchgeführt. K aus Köln hat von diesem Vorhaben erfahren und bereits im Genehmigungsverfahren Einwendungen erhoben. Nachdem der Plan festgestellt wurde, erhebt K Klage zum Verwaltungsgericht (Vorverfahren ist nach § 68 I S. 2 VwGO, §§ 74 I S. 2, 70 VwVfG entbehrlich!), weil er der Ansicht ist, dass es bereits genug Deponien in Deutschland gibt und die Bürger besser den Müll vermeiden sollen.

Der Betreiber der Mülldeponie fragt nun, ob er trotz des anhängigen Verfahrens mit dem Bau beginnen darf.

1. Der Betreiber darf anfangen zu bauen, wenn der Vollzug des Planfeststellungsbeschlusses nicht ausgesetzt ist. Der Planfeststellungsbeschluss umfasst aufgrund seiner Konzentrationswirkung auch die Baugenehmigung, § 75 I S. 1 VwVfG (Hemmer/Wüst, Verwaltungsrecht I, Rn. 380 ff.). K hat gegen den Planfeststellungsbeschluss, der ein VA i.S.d. § 35 S. 2 VwVfG ist, Anfechtungsklage erhoben. Diese hat nach § 80 I S. 1 VwGO grundsätzlich aufschiebende Wirkung, sodass der Betreiber nicht anfangen darf, die nötigen Bauarbeiten durchzuführen.

2. Fraglich ist aber, ob die aufschiebende Wirkung nicht in gewissem Umfang von der Zulässigkeit oder Begründetheit des Rechtsbehelfs abhängig ist, da der vorläufige Rechtsschutz i.d.R. nicht mehr gewähren soll und kann als das Hauptsacheverfahren. Einig ist man sich, dass der Suspensiveffekt sicher nicht von der Begründetheit des Rechtsbehelfs abhängt. Umstritten ist dagegen, ob die aufschiebende Wirkung auch beim (möglicherweise) unzulässigen Rechtsbehelf eintritt:

- Eine Ansicht besagt, dass nur zulässigen Rechtsbehelfen Suspensivwirkung zukommen kann, da diese der vorläufigen Sicherung subjektiver Rechte dienen, sodass bei unzulässigem Rechtsbehelf zwangsläufig der Sicherungszweck der aufschiebenden Wirkung entfalle.
- **Die Rspr. und h.M. lässt die aufschiebende Wirkung dagegen auch bei einem unzulässigen Rechtsbehelf eintreten, da die aufschiebende Wirkung als Teil des vorläufigen Rechtsschutzes nicht von einer eingehenden und u.U. sehr schwierigen Zulässigkeitsprüfung eingeschränkt werden darf.** Insbesondere die Möglichkeit der Heilung von Zulässigkeitsmängeln und eine ansonsten eintretende Rechtsunsicherheit stützen diese Meinung. Außerdem würde sonst die Verwaltung selbst darüber entscheiden, ob die aufschiebende Wirkung eintritt oder nicht, obwohl diese sich gerade gegen die Verwaltung richtet. Das würde das Gebot des effektiven Rechtsschutzes ad absurdum führen. Im Ergebnis darf also der Eintritt des Suspensiveffekts nicht von der Zulässigkeit des Rechtsbehelfs abhängen.
- Es gibt allerdings Fälle, in denen auch die Rspr. Ausnahmen macht, dann nämlich, wenn der Rechtsbehelf auf keinen Fall zulässig sein kann (z.B. offensichtlich kein Verwaltungsrechtsweg). Würde in diesen Fällen der Suspensiveffekt eintreten, liefe dies dem Sinn des § 80 VwGO zuwider.

Im Fall ist eine Rechtsverletzung des K durch den Bau der Deponie ausgeschlossen, da er nicht im Einzugsbereich der Deponie lebt oder arbeitet, sodass die Klage mangels Klagebefugnis offensichtlich unzulässig ist. **Damit entfällt die aufschiebende Wirkung und der Betreiber kann mit dem Bau beginnen.**

hemmer-Methode: Den Eintritt des Suspensiveffekts von der Begründetheit des Rechtsbehelfs abhängig zu machen, würde Sinn und Zweck des § 80 VwGO ins Gegenteil verkehren. Die aufschiebende Wirkung soll der Behörde gerade die Zeit verschaffen, die sie für die Prüfung der Erfolgsaussichten benötigt, ohne dass es zum Eintritt vollendeter Tatsachen kommt.

§ 80 II S. 1 Nr. 1 VwGO

Nach § 80 I S. 1 VwGO haben Widerspruch und Anfechtungsklage grundsätzlich aufschiebende Wirkung. In § 80 II VwGO wird dieses Regel-Ausnahme-Verhältnis jedoch umgekehrt, da das öffentliche Vollzugsinteresse in den Fällen des § 80 II Nr. 1 - 3 VwGO in der Regel überwiegt und in Nr. 4 die Behörde die Möglichkeit hat, den Wegfall der aufschiebenden Wirkung anzuordnen.

Die zuständige Sicherheitsbehörde verlangt von A rechtmäßigerweise ein Zwangsgeld in Höhe von 1000,- €, weil er einer Anordnung nicht Folge geleistet hat. Das Verfahren verlief ordnungsgemäß, insbesondere erfolgte eine Androhung des Zwangsmittels. A ist damit nicht einverstanden, da er der Meinung ist, die Behörde hätte kein Recht, ihn derart „auszunehmen". Sein Neffe N, der im 4. Semester Jura studiert, rät ihm, Widerspruch einzulegen, was er auch tut. Zudem ist N der Meinung, A müsse das Geld trotz des Widerspruchs vorläufig zahlen. Hat er Recht?

N hat Recht, wenn das Zwangsgeld unter § 80 II S. 1 Nr. 1 VwGO fällt. Danach entfällt nämlich die aufschiebende Wirkung bei der Anforderung von öffentlichen Abgaben und Kosten. Die Regelung soll vor allem sicherstellen, dass die Finanzierung öffentlicher Aufgaben nicht gefährdet wird und die Planbarkeit öffentlicher Mittel möglich bleibt.

- § 80 II S. 1 Nr. 1 VwGO erfasst nicht nur die klassischen Abgaben, also Steuern, Gebühren und Beiträge (vgl. zur Abgrenzung Hemmer/Wüst, Staatsrecht II, Rn. 307 ff.), sondern alle hoheitlich geltend gemachten öffentlich-rechtlichen Geldleistungen. Unter Kosten i.S.d. Regelung versteht man die Auslagen oder Gebühren, die den Beteiligten für Verwaltungsleistungen auferlegt werden. Es muss sich aber um isolierte Kostenentscheidungen handeln, sodass Kostenforderungen nicht unter Nr. 1 fallen, wenn sie im Zusammenhang mit einer Sachentscheidung erhoben werden, z.B. die Gebühr für die Erteilung einer Genehmigung, da ansonsten der Suspensiveffekt hinsichtlich der Sachentscheidung eingeschränkt würde.
- Keine Kosten i.S.d. § 80 II Nr. 1 VwGO sind zudem Kostenanforderungen, die i.R. der Verwaltungsvollstreckung festgesetzt werden, da sie keine reinen Geldleistungen im Hinblick auf die Durchführung des Verwaltungsverfahrens darstellen, sondern vielmehr eigenständige Sachregelungen sind.
- Es ist allerdings zu beachten, dass nach § 80 II S. 2 VwGO die Länder bestimmen können, dass Rechtsbehelfe keine aufschiebende Wirkung haben, soweit sie sich gegen Maßnahmen richten, die in der Verwaltungsvollstreckung durch die Länder nach Bundesrecht getroffen werden. Von dieser Ermächtigung haben viele Länder Gebrauch gemacht. Für die Vollstreckung nach Landesrecht ergibt sich dies bereits aus § 80 II S. 1 Nr. 3 VwGO. Unter § 80 II S. 1 Nr. 3 S. 2 VwGO fallen allerdings nur solche Kosten, die wie das Zwangsgeld zugleich Zwangsmittel sind. Für andere Kostenforderungen in der Zwangsvollstreckung, die erst nach deren Abschluss geltend gemacht werden, gilt somit wieder die Grundregel des § 80 I VwGO.

Im vorliegenden Fall liegt N also grundsätzlich falsch, wenn er meint, dass sein Onkel das Geld trotz des Widerspruchs zahlen muss. § 80 II S. 1 Nr. 1 VwGO, an den bei Kostenanforderungen immer zu denken ist, gilt hier nicht. Etwas anderes ergibt sich nur dann, wenn das Land, in dem das Zwangsgeld festgesetzt wurde, von der Ermächtigung des § 80 II S. 2 VwGO Gebrauch gemacht hat, vgl. hierzu bspw. Art. 21a BayVwZVG

hemmer-Methode: Erkundigen Sie sich, ob Ihr Bundesland eine entsprechende Regelung nach § 80 II S. 2 VwGO getroffen hat und kommentieren Sie sich diese – soweit erlaubt – an § 80 VwGO.

II. Vorläufiger Rechtsschutz

§ 80 II S. 1 Nr. 2 VwGO

Nach § 80 II S. 1 Nr. 2 VwGO entfällt die aufschiebende Wirkung auch bei Widerspruch und Anfechtungsklage gegen unaufschiebbare Anordnungen und Maßnahmen von Polizeivollzugsbeamten.

Ein Wohnhaus steht in Flammen. Die Feuerwehr versucht die Bewohner zu retten, wird dabei aber von „Gaffern" behindert. Die Polizei spricht daher rechtmäßigerweise Platzverweise an die Umherstehenden aus. G befolgt diese Anordnung aber nicht. Die Polizei droht ihm daher an, den Platzverweis mit unmittelbarem Zwang durchzusetzen. G erhebt sofort schriftlich Widerspruch. Die Polizei drängt ihn dennoch weg.

War dieser Zwang rechtmäßig?

Rechtmäßigkeit des polizeilichen Zwangs:

I. Die **Primärmaßnahme** war laut Sachverhalt **rechtmäßig**.

II. Voraussetzungen für polizeilichen Zwang (nach dem jeweiligen Landespolizeigesetz):

1. Die Primärmaßnahme war auf die Vornahme einer Handlung, Duldung oder Unterlassung gerichtet, nämlich auf das Verlassen des Platzes

2. Die Primärmaßnahme war aber noch nicht unanfechtbar. Die Polizei durfte jedoch trotzdem Zwang anwenden, wenn das Rechtmittel des G keine aufschiebende Wirkung hat. Dies könnte nach § 80 II S. 1 Nr. 2 VwGO der Fall sein. Danach entfällt die aufschiebende Wirkung bei unaufschiebbaren Anordnungen und Maßnahmen von Polizeivollzugsbeamten. Damit ist die Vollzugspolizei im institutionellen Sinne gemeint, also die Schutz-, Kriminal-, Wasserschutz-, Bereitschafts- und Grenzpolizei, nicht dagegen die Ordnungsbehörden. Hier ordnete die Schutzpolizei den Platzverweis in einem unaufschiebbaren Fall an, sodass das Rechtsmittel des G keine aufschiebende Wirkung hatte.

3. Der Zwang war als solcher auch verhältnismäßig, da der Polizei kein milderes Mittel zur Verfügung stand, um G von seinem Platz zu vertreiben, damit die Rettungsmaßnahmen ungehindert fortgeführt werden konnten.

4. Die Polizei hat G das Zwangsmittel explizit angedroht und die besonderen Voraussetzungen des unmittelbaren Zwangs befolgt. Die Auswahl und die konkrete Anwendung des unmittelbaren Zwangs waren verhältnismäßig, **sodass im Ergebnis die Maßnahme der Polizei rechtmäßig war.**

hemmer-Methode: 1. In einer Klausur müssten Sie die Voraussetzungen des Zwangsmittels natürlich etwas ausführlicher darstellen. Aus dem Sachverhalt gehen in der Regel genauere Angaben über den Ablauf des Geschehens hervor.

2. § 80 II S. 1 Nr. 2 VwGO wird Ihnen regelmäßig in Polizeirechtsklausuren bei der Prüfung der Rechtmäßigkeit der Sekundärmaßnahme begegnen.

3. Beachten Sie aber, dass diese Vorschrift dann nicht zur Anwendung kommt, wenn z.B. von der „Gewerbepolizei“ die Rede ist. Damit ist die normale Gewerbebehörde, also eine Ordnungsbehörde gemeint, für die § 80 II S. 1 Nr. 2 VwGO gerade nicht gilt. Eine analoge Anwendung nimmt die h.M. allerdings für Verkehrszeichen vor.

4. Nach § 80 II S. 1 Nr. 3 VwGO entfällt die aufschiebende Wirkung von Widerspruch und Anfechtungsklage auch dann, wenn dies durch Bundesgesetz oder für Landesrecht durch Landesgesetz vorgeschrieben ist. Wichtige bundesrechtliche Vorschriften i.d.S. sind: § 58a I S. 2 AufenthaltsG, § 74 ZDG, § 80 TierSG und vor allen Dingen § 212a BauGB, nach dem Widerspruch und Anfechtungsklage eines Dritten gegen die bauaufsichtliche Zulassung eines Vorhabens keine aufschiebende Wirkung haben.

Nach § 80 II S. 1 Nr. 3 VwGO entfällt die aufschiebende Wirkung von Widerspruch und Anfechtungsklage auch dann, wenn dies durch Bundesgesetz oder für Landesrecht durch Landesgesetz vorgeschrieben ist.

Student S wird nach § 21 I S. 1 WPflG zum Wehrdienst einberufen. Gegen diesen Bescheid legt er Widerspruch ein, da er der Ansicht ist, dass er vor Beendigung seines Studiums nicht zum Wehrdienst herangezogen werden kann. Er hatte aber keinen dahingehenden Antrag gestellt.

Muss S trotz des Widerspruchs seinen Dienst antreten?

S muss seinen Dienst antreten, wenn sein Widerspruch gegen den Einberufungsbescheid keine aufschiebende Wirkung hat. Grundsätzlich hat der Widerspruch nach § 80 I S. 1 VwGO aufschiebende Wirkung. Es könnte aber ein Fall vorliegen, in dem der Suspensiveffekt nicht eintritt.

- Hier kommt § 80 II S. 1 Nr. 3 VwGO i.V.m. § 35 I S. 1 WPflG in Betracht. Danach haben Widerspruch und Anfechtungsklage gegen den Einberufungsbescheid keine aufschiebende Wirkung. Das bedeutet, dass auch im vorliegenden Fall S zunächst seinen Dienst antreten muss.

- S kann jedoch versuchen, eine Entscheidung des Verwaltungsgerichts im Wege des vorläufigen Rechtsschutzes herbeizuführen (§ 80 V VwGO), mit der die aufschiebende Wirkung seines Widerspruchs wiederhergestellt wird.

- Zudem hat S die Möglichkeit, einen Antrag nach § 12 IV S. 2 Nr. 3 WPflG auf Zurückstellung vom Wehrdienst zu stellen.

hemmer-Methode: Weitere wichtige bundesrechtliche Vorschriften sind: § 58a I S. 2 AufenthaltsG, § 74 ZDG, § 80 TierSG und vor allen Dingen § 212a BauGB, nach dem Widerspruch und Anfechtungsklage eines Dritten gegen die bauaufsichtliche Zulassung eines Vorhabens keine aufschiebende Wirkung haben.

Für diese Bundesgesetze (gemeint sind nur formelle Gesetze!) hat § 80 II S. 1 Nr. 3 allerdings nur deklaratorische Bedeutung, da solche Bundesgesetze als leges speciales dem § 80 VwGO vorgehen. Anders ist dies bei Landesgesetzen, die die aufschiebende Wirkung entfallen lassen. Hier ist § 80 II Nr. 3 VwGO wegen Art. 31 GG Wirksamkeitsvoraussetzung.

Beachten Sie auch § 80 II S. 2 VwGO, wonach Rechtsbehelfe in der Zwangsvollstreckung keine aufschiebende Wirkung haben, soweit Landesrecht (also auch Rechtsverordnungen!) dies bestimmt.

Liegt eine gesetzliche Ausnahme von der aufschiebenden Wirkung nicht vor, so können die Ausgangs- und Widerspruchsbehörde nach § 80 II S. 1 Nr. 4 VwGO die sofortige Vollziehung im öffentlichen Interesse oder im überwiegenden Interesse eines Beteiligten anordnen.

Schüler S hat schon mehrfach seine Mitschüler beraubt. Die Lehrerkonferenz spricht deshalb nach Anhörung des Schülers und seiner Eltern die Entlassung des S von der Schule aus. Gegen diesen Bescheid legt S Widerspruch ein, dem die Schule nicht abhilft und an die Widerspruchsbehörde weiterleitet. Da S trotzdem weiterhin seine Mitschüler angreift, ordnet die Schule schriftlich die sofortige Vollziehung der Entlassung an und begründet diesen Schritt mit der konkreten Gefahr für die anderen Schüler. Ein Verbleiben des S an der Schule bis zur endgültigen Klärung des Falles sei für die Lehrer und die Mitschüler unzumutbar. Eine weitere Anhörung erfolgte nicht.

Ist die Anordnung des Sofortvollzugs formell rechtmäßig?

1. Zuständige Behörde: Im Fall hat die Schule als Ausgangsbehörde den Sofortvollzug angeordnet. Fraglich ist, ob sie dies noch durfte, obwohl sich bereits die Widerspruchsbehörde mit der Sache befasst. Gemäß § 80 II S. 1 Nr. 4 VwGO kann die Ausgangs-, aber auch die Widerspruchsbehörde den Sofortvollzug anordnen. Nach h.M. bedeutet dies, dass zum einen die Ausgangsbehörde bis zur Unanfechtbarkeit des VAs zuständig bleibt und zum anderen die Widerspruchsbehörde schon vor Einleitung des Widerspruchsverfahrens bis zum rechtskräftigen Abschluss des Gerichtsverfahrens zuständig ist. **Diese Zuständigkeitskonkurrenz führt hier dazu, dass die Schule auch noch im Widerspruchsverfahren den Sofortvollzug anordnen durfte.**

2. Verfahren: Grundsätzlich ist für den Sofortvollzug kein besonderes Verfahren erforderlich. Streitig ist hier allerdings, ob die Anordnung des Sofortvollzugs VA-Charakter hat, mit der Folge dass das VwVfG, insbesondere § 28 VwVfG, anwendbar ist. Eine Ansicht sieht in der Vollziehungsanordnung einen selbständigen VA (Folge: § 28 VwVfG anwendbar), sodass die Anordnung selbst mit Widerspruch und Anfechtungsklage angefochten werden könnte und ihrerseits nach § 80 I VwGO suspendiert wäre. Das würde das System des § 80 VwGO aushebeln. **Daher ist der h.M. zu folgen, die die Vollziehungsanordnung als eine Nebenentscheidung zum VA betrachtet, sodass § 28 VwVfG zumindest nicht direkt angewendet werden kann.** Ob nun eine analoge Anwendung in Betracht zu ziehen ist oder eine Anhörung vollständig entfällt, kann regelmäßig dahin gestellt bleiben, da eine fehlende Anhörung jedenfalls mit Einreichung des Eilantrages nachgeholt wird i.S.d. § 45 I Nr. 3 VwVfG.

3. Form: § 80 III S. 1 VwGO bestimmt, dass die Anordnung schriftlich zu begründen ist, um der Behörde den Ausnahmecharakter des Sofortvollzugs zu verdeutlichen und sie damit zu zwingen, den schweren Eingriff zu überdenken („Warnfunktion"). Aus diesem Grund darf sie auch nicht nur formelhaft erfolgen oder lediglich den Gesetzeswortlaut wiedergeben. Sie muss vielmehr deutlich zum Ausdruck bringen, warum das Interesse am Sofortvollzug besteht und das Interesse an der aufschiebenden Wirkung überwiegt. Konsequenz einer fehlerhaften Begründung ist, dass die Anordnung des Sofortvollzugs i.R.d. Verfahrens nach § 80 V VwGO aufgehoben wird. Im Fall hat die Schule ihr Vorgehen schriftlich begründet. Die Begründung, die Mitschüler seien durch S konkret gefährdet, reicht aus. Zudem lässt die Anordnung erkennen, dass die Schule die unterschiedlichen Interessen abgewogen hat. **Damit ist die Anordnung des Sofortvollzugs der Entlassung formell rechtmäßig.**

hemmer-Methode: I.R. der formellen Rechtmäßigkeit der Vollziehungsanordnung kommt es nur darauf an, ob die Behörde ihre Entscheidung überhaupt begründet und nicht nur belanglose Floskeln verwendet hat. Ob tatsächlich Gründe vorliegen, die dieses Verhalten rechtfertigen, ist eine Frage der materiellen Rechtmäßigkeit.

§ 80 II S. 1 Nr. 4 VwGO - materielle Rechtmäßigkeit

Die Anordnung des Sofortvollzugs liegt im Ermessen der Behörde, wenn die Voraussetzungen für den Erlass vorliegen. Nach § 80 II S. 1 Nr. 4 VwGO muss die sofortige Vollziehung im öffentlichen Interesse oder im überwiegenden Interesse eines Beteiligten liegen.

Im letzten Fall (Schulentlassung) müsste die Schule auch materiell rechtmäßig gehandelt haben. Was sind die Voraussetzungen für die Anordnung des Sofortvollzugs?

Nach § 80 II S. 1 Nr. 4 VwGO muss die Anordnung der sofortigen Vollziehung im öffentlichen Interesse oder im überwiegenden Interesse eines Beteiligten stehen.

- Das bedeutet, dass das allgemeine Interesse am Vollzug des VA nicht ausreicht. § 80 II S. 1 Nr. 4 VwGO macht durch die Erwähnung des überwiegenden Interesses vielmehr deutlich, **dass die Anordnung der sofortigen Vollziehung von einer umfassenden Abwägung der Interessen der Allgemeinheit und aller Beteiligten nach Art, Schwere und Dringlichkeit abhängig zu machen ist.** Insoweit kommt besondere Bedeutung der Möglichkeit der Rückgängigmachung der Regelung und ihrer Folgen zu. Auch die Erfolgsaussichten des Rechtsbehelfs sind zu berücksichtigen, denn im Falle offensichtlicher Unzulässigkeit oder Unbegründetheit überwiegt in der Regel das Vollzugsinteresse bzw. umgekehrt. Dabei ist allerdings zu beachten, dass fehlende Erfolgsaussichten des Rechtsbehelfs in der Hauptsache oder das Fehlen wichtiger oder dringlicher Interessen des Betroffenen an der aufschiebenden Wirkung das erforderliche besondere öffentliche Interesse weder begründen noch ersetzen können. Letztlich handelt es sich um den gleichen Maßstab, den die Behörde i.R.d. § 80 IV VwGO und das Gericht i.R.d. § 80 V VwGO zu berücksichtigen hat.

- Im Fall hat die Schule eine solche Abwägung vorgenommen. Wenn der Schüler an der Schule bleibt, sind die Mitschüler erheblich gefährdet, da davon auszugehen ist, dass er sie wieder ausraubt. Diese Gefahr überwiegt auch das Interesse des S an der Schule zu bleiben, da die Schule für das Wohlergehen der Schüler verantwortlich ist. **Die Anordnung des Sofortvollzugs war damit rechtmäßig.**

hemmer-Methode: In der Klausur wird regelmäßig nach den Erfolgsaussichten eines Antrags nach § 80 V VwGO gefragt sein. Es ist jedoch auch denkbar, dass Ihnen die Frage gestellt wird, ob die Anordnung der sofortigen Vollziehung rechtmäßig war. Dann müssen Sie zunächst die formelle und anschließend die materielle Rechtmäßigkeit der Anordnung prüfen. I.R. der materiellen Rechtmäßigkeit ist dann die Rechtmäßigkeit des VA zu prüfen, denn wenn dieser rechtmäßig ist, überwiegt in der Regel das Interesse am sofortigen Vollzug, wenn dieser allerdings rechtswidrig ist, ist das Interesse des Betroffenen an der aufschiebenden Wirkung größer.

Besonderheiten gelten, wenn die Behörden einen VA in Vollzug einer EU-Verordnung erlassen. Hier müssen Sie aufgrund europarechtlicher Vorgaben grundsätzlich den Sofortvollzug anordnen, von dem auch Gerichte nur ausnahmsweise wieder abweichen können, wenn sie erhebliche Zweifel an der Gültigkeit der VO haben, dem Betroffenen irreversible Beeinträchtigungen drohen und die VO durch die Wiederherstellung der aufschiebenden Wirkung nicht völlig leer läuft!

Eintritt und Dauer der aufschiebenden Wirkung

Die Vollziehungsanordnung hat zur Folge, dass die aufschiebende Wirkung entfällt und sich alle Beteiligten so verhalten müssen, als wäre der angefochtene VA bereits unanfechtbar geworden. Er kann also auch vollstreckt werden. Sollte die Anordnung der sofortigen Vollziehung erst nach Erlass des VAs und nicht mit diesem zusammen getroffen werden, hat diese ex nunc-Wirkung.

R ist im Besitz einer Reisegewerbekarte. Die Gewerbebehörde entzieht ihm am 15.09. die Erlaubnis und ordnet die Rückgabe der Karte an. R schickt daraufhin umgehend nach Zustellung des VAs die Karte zurück, da er keinen Ärger mit der Behörde haben möchte. R kommen jedoch Zweifel, ob die Rücknahme der Erlaubnis rechtmäßig war und legt daher am 30.09. Widerspruch ein.

Muss die Behörde die Reisegewerbekarte zurückgeben?

Die Behörde muss die Karte zurückgeben, wenn die aufschiebende Wirkung des Widerspruchs des R rückwirkend eintritt.

- Grundsätzlich tritt der Suspensiveffekt erst mit der Einlegung des Widerspruchs ein. Allerdings erfolgt dieser Eintritt rückwirkend, d.h. dass der VA vom Zeitpunkt seines Erlasses an in seiner Verwirklichung vorläufig gehemmt ist. Bedeutung erlangt dies, wenn der VA nach Erlass aber vor Einlegung des Rechtsbehelfs vollzogen wird. Nach § 43 I S. 1 VwVfG ist der VA mit Bekanntgabe wirksam und damit vollziehbar.

- Teilweise wird vertreten, dass ein VA erst vollzogen werden darf, wenn er unanfechtbar geworden ist. Diese Ansicht differenziert aber nicht zwischen Vollziehbarkeit eines VAs i.S.d. § 80 I VwGO und dessen Vollstreckbarkeit i.S.d. Vollstreckungsgesetze. Die Vollstreckbarkeit, die einen ungleich stärkeren Eingriff darstellt, setzt formelle Bestandskraft des VAs oder fehlende Suspensivwirkung des Rechtsbehelfs voraus. Das bedeutet aber nicht, dass die Behörde nur bestandskräftige VAe vollziehen darf. Die Behörde handelt allerdings auf eigenes Risiko, wenn sie vor der formellen Bestandskraft des VAs Vollzugsakte vornimmt, denn diese müssen entsprechend des Rechtsgedankens des § 80 V S. 3 VwGO rückgängig gemacht werden, wenn der Betroffene Widerspruch oder Anfechtungsklage erhebt. Die Vollzugsakte werden aufgrund der rückwirkenden Hemmung der Vollziehung ihrer Rechtsgrundlage von Anfang an rechtswidrig.

Somit muss die Behörde im vorliegenden Fall die Reisegewerbekarte (vorläufig) zurückgeben.

hemmer-Methode: Trennen Sie in der Klausur die Vollziehbarkeit des VA strikt von der Vollstreckbarkeit. Sprachliche Ungenauigkeiten machen hier (wie überall) einen schlechten Eindruck, da sie dem Korrektor zeigen, dass Sie den Unterschied und damit das System des vorläufigen Rechtsschutzes nicht verstanden haben!

Dauer der aufschiebenden Wirkung

Die Dauer der aufschiebenden Wirkung ist ausdrücklich in § 80b VwGO geregelt.

Gastwirt G verkauft in seiner Kneipe auch kleine Gerichte. Nachdem sich einige Nachbarn über die immer stärker werdenden Küchengerüche beschwert haben, erteilt die zuständige Behörde G eine Auflage zur Gaststättengenehmigung, mit der ihm der Bau einer Dunstabzugsanlage aufgetragen wird. G hält das für übertrieben und erhebt nach erfolglos durchgeführtem Widerspruchsverfahren Anfechtungsklage gegen die Auflage, die jedoch in erster Instanz erfolglos blieb. G legt daraufhin am 21.04.19 Berufung ein, die am 23.5.19 durch das OVG zugelassen wird (§ 124a IV, V VwGO). Anfang Oktober erhält er von der Behörde erneut einen Bescheid, in dem er nochmals aufgefordert wird, die Abzugsanlage zu errichten.

G fragt sich, weshalb die Behörde trotz des anhängigen Verfahrens tätig geworden ist und wie er sich dagegen wehren kann.

Die Behörde darf tätig werden und den VA vollziehen, wenn die aufschiebende Wirkung der Klage entfallen ist. Mit dem Ausgangs-VA hat die Behörde G eine Auflage i.S.d. § 5 I Nr. 3 GastG erteilt, die nach ganz h.M. einen selbstständigen VA darstellt. Das bedeutet, dass durch die Anfechtungsklage des G aufschiebende Wirkung eintrat.

- Fraglich ist, ob diese immer noch besteht. Früher gab es Meinungsverschiedenheiten über den Zeitpunkt, an dem der Suspensiveffekt enden sollte. Nach h.M. sollte dieser ununterbrochen bis zur Unanfechtbarkeit des VAs dauern, nach anderer Ansicht nur bis zur Zurückweisung des Widerspruchs und dann erst wieder mit Klageerhebung.
- Mittlerweile ist diese Frage explizit im Sinne der bislang h.M. gelöst. Im vorliegenden Fall ist das Verfahren noch vor dem OVG anhängig, sodass die aufschiebende Wirkung grundsätzlich noch bestehen müsste. § 80b I S. 1 Alt. 2 VwGO enthält aber eine Ausnahmeregelung, die den Suspensiveffekt weitgehend zurückdrängt. Danach entfällt die aufschiebende Wirkung drei Monate nach Ablauf der gesetzlichen Begründungsfrist des gegen die abweisende Entscheidung gegebenen Rechtsmittels. Diese Regelung ist insoweit auch im Hinblick auf Art. 19 IV GG vertretbar, als bereits eine umfassende Sachprüfung durch das erstinstanzliche Gericht vorliegt.

Hier endete die gesetzliche Begründungsfrist am 23.06.19, vgl. § 124°VI S. 1 VwGO. Somit sind Anfang Oktober die drei Monate vergangen, **sodass die aufschiebende Wirkung der Klage entfallen ist. G kann allerdings einen Antrag an das Gericht stellen, die aufschiebende Wirkung wieder anzuordnen, § 80b II, III VwGO.**

hemmer-Methode: Beachten Sie, dass Widerspruch und Anfechtungsklage im Hinblick auf den Suspensiveffekt als Einheit anzusehen sind. Sie sind in § 80 I VwGO deshalb nebeneinander gestellt, weil nicht jeder Anfechtungsklage ein Widerspruchsverfahren vorausgeht und der Suspensiveffekt dann erst mit Klageerhebung eintritt.

Umfang der aufschiebenden Wirkung

Die aufschiebende Wirkung erstreckt sich grundsätzlich auf den belastenden VA im Ganzen, also einschließlich aller unselbstständigen Nebenbestimmungen und der Kostenentscheidung. Es gibt allerdings auch begünstigende VAe, die einen Dritten belasten und solche, die für den Adressaten sowohl begünstigend als auch belastend sind, sog. VAe mit Mischwirkung.

Student S erhält BAföG. Er hat es unverschuldet versäumt, zu dem nach § 48 I Nr. 1 BAföG vorgesehenen Zeitpunkt ein Zwischenprüfungszeugnis als Eignungsnachweis vorzulegen. Das zuständige Amt für Ausbildungsförderung bewilligt ihm daraufhin die Förderung für ein weiteres Jahr unter der Bedingung, dass der Nachweis der bestandenen Zwischenprüfung unverzüglich nachgereicht wird.

Welche Folgen hätte ein Widerspruch des S gegen die Bedingung?

Der Bescheid des Amtes für Ausbildungsförderung ist für S sowohl begünstigend als auch belastend, da ihm nicht nur die Förderung für das nächste Jahr bewilligt wurde, sondern diese zugleich von dem Nachweis der bestandenen Zwischenprüfung abhängig gemacht wurde. Die aufschiebende Wirkung des Widerspruchs könnte sich also nicht nur auf diese Belastung beziehen, sondern auch die Begünstigung erfassen:

- Grundsätzlich erfasst die aufschiebende Wirkung nur den belastenden Teil eines VAs mit Mischwirkung, sodass von dem begünstigenden Teil Gebrauch gemacht werden kann.
- Dies ist allerdings dann nicht der Fall, wenn der belastende Teil mit dem begünstigenden in einem untrennbaren Zusammenhang steht. Das ist anzunehmen, wenn entweder der begünstigende Teil ohne den belastenden Teil rechtswidrig wäre oder der belastende Teil den VA selbst inhaltlich verändert, wie etwa bei der modifizierenden Auflage.
- Im Zweifel ist allerdings davon auszugehen, dass Trennbarkeit besteht, da die Behörde die Möglichkeit besitzt, den Suspensiveffekt nach § 80 II S. 1 Nr. 4 VwGO auszuschließen und daher Unklarheiten zu ihren Lasten gehen.

Im vorliegenden Fall wäre die weitere Förderung ohne die Bedingung des Leistungsnachweises rechtswidrig, da § 48 I Nr. 1 BAföG die Förderung ab einem gewissen Zeitpunkt nur nach Vorlage eines Zwischenprüfungszeugnisses vorsieht. **Somit muss hier die aufschiebende Wirkung des Widerspruchs den gesamten VA erfassen. Die weitere Förderung müsste durch den Widerspruch also eingestellt werden, sodass S vorläufig kein Geld bekommen würde.**

hemmer-Methode: Das Problem der Teilbarkeit des VAs stellt sich genauso bei der Frage der selbstständigen Anfechtbarkeit von Nebenbestimmungen. Auch dort muss auf die Trennbarkeit des VAs abgestellt werden (vgl. dazu Hemmer/Wüst, Verwaltungsrecht I, Rn. 407 ff.).

Behördliches Aussetzen der Vollziehung

Nach § 80 IV S. 1 VwGO kann die Ausgangs- oder die Widerspruchsbehörde in den Fällen des § 80 II VwGO die Vollziehung aussetzen.

T betreibt einen kleinen Trödelladen. Nachdem er wegen Hehlerei zu einer Geldstrafe verurteilt wurde, untersagt ihm die zuständige Behörde die weitere Ausübung seines Gewerbes, da er nicht mehr zuverlässig sei. Dieser VA wird für sofort vollziehbar erklärt, da die Gefahr besteht, dass T weiterhin gestohlene Sachen in seinem Geschäft verkauft, insbesondere weil er nicht nachweisen kann, woher sein derzeitiger Warenbestand stammt. T legt Widerspruch ein. Gleichzeitig stellt er einen Antrag an die Widerspruchsbehörde, die aufschiebende Wirkung seines Rechtsbehelfs wiederherzustellen. Ohne Erfolg. Seine letzte Rettung sieht er in einem Antrag an die Ausgangsbehörde. Diese will nach erneuter Prüfung die aufschiebende Wirkung nun doch wiederherstellen.

Darf sie das?

Nach § 80 IV S. 1 VwGO kann sowohl die Ausgangs- als auch die Widerspruchsbehörde die Anordnung der sofortigen Vollziehung aussetzen, sodass die Ausgangsbehörde grundsätzlich diesem Antrag stattgeben kann. T hat aber bevor er sich an die Ausgangsbehörde gewandt hat, einen Antrag an die Widerspruchsbehörde gestellt. Fraglich ist, wie sich dies auswirkt:

- Nach dem Prioritätsprinzip wird die jeweils andere Behörde durch die erfolgte Aussetzung der Vollziehung gebunden, kann also nicht mehr selbst nach § 80 IV VwGO entscheiden.
- Dagegen spricht aber, dass grundsätzlich im Verwaltungsrecht das Hierarchieprinzip gilt, sodass die Entscheidung der Widerspruchsbehörde bindend für die Ausgangsbehörde ist. Somit ist auch im Fall die Ausgangsbehörde nicht berechtigt, eine andere Entscheidung als die Widerspruchsbehörde zu treffen.
- Bei geänderter Sachlage kann allerdings die Ausgangsbehörde von der Entscheidung der Widerspruchsbehörde abweichen, sodass ein Antrag dann Erfolg haben kann.

T hat hier den Antrag an die Ausgangsbehörde gerichtet, obwohl die Widerspruchsbehörde bereits negativ entschieden hat. **Da davon auszugehen ist, dass sich die Sachlage nicht verändert hat, darf die Behörde dem Antrag des T nicht stattgeben. Im umgekehrten Fall, wenn zuerst die Ausgangsbehörde entschieden hat, darf die Widerspruchsbehörde aufgrund des Hierarchieprinzips eine andere Entscheidung treffen.**

hemmer-Methode: Der Prüfungsumfang i.R. der materiellen Rechtmäßigkeit entspricht wieder dem des § 80 II S. 1 Nr. 4 VwGO. Es muss also eine Abwägung stattfinden zwischen dem Aussetzungsinteresse des Betroffenen und dem Vollzugsinteresse der Behörde. Nach § 80 IV S. 3 VwGO soll die Aussetzung der Vollziehung bei öffentlichen Kosten und Lasten (§ 80 II S. 1 Nr. 1 VwGO) erfolgen, wenn ernstliche Zweifel an der Rechtmäßigkeit des angegriffenen VAs bestehen. Diese Sonderregelung wird auch auf die Fälle des § 80 II S. 1 Nr. 2 - 4 VwGO angewendet, sodass i.R. der Abwägung die Aussichten des Hauptsacherechtsbehelfs einbezogen werden müssen.

Beachten Sie zudem, dass die Behörde die Vollziehung nur aussetzen darf, soweit nicht bundesgesetzlich etwas anderes bestimmt ist.

Regelungsgehalt des § 80 V VwGO

Das Verfahren nach § 80 V VwGO ist sowohl in der Praxis als auch in der Examensklausur wichtiger als das Verfahren nach § 80 IV VwGO. § 80 V VwGO ist das Gegenstück zu § 80 II Nr. 4 VwGO, der es der Behörde ermöglicht, ihren VA für sofort vollziehbar zu erklären, ohne dass eine Prüfung des Bescheids stattfindet. Um diese Anordnung nicht wehrlos hinnehmen zu müssen, hat der Betroffene die Möglichkeit, einen Antrag an das Gericht zu stellen. Dadurch wird das Kräfteverhältnis zwischen Verwaltung und Bürger wiederhergestellt.

Skizzieren Sie ein Zulässigkeitsschema zu einem Antrag nach § 80 V VwGO!

Zulässigkeitsschema zum Antrag nach § 80 V VwGO:

1. Eröffnung des Verwaltungsrechtswegs
2. Statthaftigkeit, vgl. § 123 V VwGO zur Abgrenzung von § 123 und § 80 V VwGO
3. Antragsbefugnis, § 42 II VwGO analog
4. Allgemeines Rechtsschutzbedürfnis

- Kein vorheriger Antrag nach § 80 IV VwGO (str.)
- Kein vorheriger Rechtsbehelf in der Hauptsache nötig (str.)
- Keine Frist, aber evidente Unzulässigkeit bei Fristversäumung in der Hauptsache

5. Beteiligten- und Prozessfähigkeit, §§ 61, 62 VwGO (Antragsteller und -gegner)
6. Antragsgegner, § 78 I VwGO (teilweise wird dies auch als Frage der Passivlegitimation in der Begründetheit angesehen)
7. Antrag, §§ 81, 82 VwGO analog
8. Zuständiges Gericht: Gericht der Hauptsache, § 80 V S. 1 VwGO

hemmer-Methode: Sie sehen, dass auch im vorläufigen Rechtsschutz die Zulässigkeitsvoraussetzungen denen des Hauptsacherechtsbehelfs ähneln. Wenn Sie diese beherrschen, kann Ihnen auch bei einer § 80 V VwGO-Klausur nicht viel passieren!

Die Notwendigkeit des Verwaltungsrechtswegs ergibt sich daraus, dass nach § 80 V S. 1 VwGO das Gericht der Hauptsache zuständig ist und für dieses der Verwaltungsrechtsweg nach § 40 I S. 1 VwGO gegeben sein muss (vgl. zu den damit verbundenen Problemen Hemmer/Wüst, Verwaltungsrecht I, Rn. 16 ff.).

Statthaftigkeit des Antrags nach § 80 V VwGO

Ausgangspunkt für die Frage der Statthaftigkeit eines Antrags nach § 80 V VwGO ist § 123 V VwGO. Dieser bestimmt den Vorrang des Verfahrens nach § 80 V VwGO. Die Abgrenzung erfolgt nach dem Streitgegenstand und der Klageart in der Hauptsache.

1. **A erhält einen Beitragsbescheid. Er hält ihn für rechtswidrig, da nicht beachtet wurde, dass er mittlerweile das streitgegenständliche Grundstück verkauft und übereignet hat.**
2. **B erhält eine Baubeseitigungsverfügung, die wegen akuter Einsturzgefahr für sofort vollziehbar erklärt wurde. B befürchtet, dass sein Haus abgerissen werden muss und damit vollendete Tatsachen geschaffen werden, bevor ein Gericht darüber entschieden hat.**

A und B haben nach erfolglosem Widerspruch Klage zum Verwaltungsgericht erhoben. Zudem wollen sie bei Gericht einstweiligen Rechtsschutz beantragen. Welche Verfahren sind die richtigen?

I. Die Abgrenzung der Verfahren nach § 80 V VwGO und § 123 VwGO erfolgt gemäß § 123 V VwGO nach dem Streitgegenstand und der Klageart in der Hauptsache, da § 80 V VwGO vorrangig ist und dieser nach § 80 I S. 1 VwGO nur anwendbar ist, wenn ein VA mit Widerspruch oder Anfechtungsklage angefochten wurde. Ist in der Hauptsache statthafte Klageart die Anfechtungsklage, dann ist einstweiliger Rechtsschutz nach § 80 V VwGO zu beantragen. § 123 VwGO ist dagegen grundsätzlich bei allen übrigen Klagearten einschlägig.

Der Antragsteller braucht aber nicht anzugeben, welches Verfahren eingreifen soll. Die Abgrenzung erfolgt vielmehr von Amts wegen durch das Gericht.

II. Lösung:

1. Gegen den Beitragsbescheid muss sich A mit der Anfechtungsklage wehren. Das bedeutet, dass einstweiliger Rechtsschutz nach § 80 V VwGO gewährt wird. Da die aufschiebende Wirkung des Widerspruchs nach § 80 II S. 1 Nr. 1 VwGO entfällt, möchte A die Anordnung der aufschiebenden Wirkung erreichen. **Somit ist hier § 80 V S. 1 Alt. 1 VwGO einschlägig.**

2. Im zweiten Fall wendet sich B gegen die Baubeseitigungsverfügung. Diese ist ein VA, sodass er dagegen Anfechtungsklage erheben muss. Damit richtet sich der vorläufige Rechtsschutz nach § 80 V VwGO. Da hier der VA von der Behörde für sofort vollziehbar erklärt wurde, möchte B erreichen, dass die aufschiebende Wirkung seines VAs wiederhergestellt wird. **Daher ist hier § 80 V S. 1 Alt. 2 VwGO anzuwenden.**

hemmer-Methode: § 80 V S. 3 VwGO enthält noch die Möglichkeit i.R.d. einstweiligen Rechtsschutzes die Aufhebung der Vollziehung eines VAs anzuordnen. Relevant wird dieser Antrag, wenn ein VA im Zeitpunkt der Entscheidung schon vollzogen ist. Regelmäßig ist dies der Fall, wenn der Vollzug nach § 80 II S. 1 Nr. 4 VwGO rechtmäßig war und erst durch die Entscheidung nach § 80 V S. 1 VwGO rechtswidrig wurde. § 80 V S. 3 VwGO stellt dann eine Annexentscheidung zu § 80 V S. 1 VwGO dar (vgl. dazu den gleich gelagerten Fall des § 113 I S. 2 VwGO), mit der die Schaffung der dem § 80 I S. 1 VwGO entsprechenden Lage auch tatsächlich erreicht wird.

Problem: Faktische Vollziehung

Es gibt Fälle, in denen die Behörde das Bestehen der aufschiebenden Wirkung bewusst oder unbewusst nicht beachtet, indem sie den VA ohne Erlass einer Vollziehungsanordnung nach § 80 II S. 1 Nr. 4 VwGO faktisch vollzieht.

Was kann der Betroffene unternehmen, wenn die Behörde den VA trotz aufschiebender Wirkung eines Rechtsbehelfs faktisch vollzieht?

§ 80 VwGO bietet nach seinem unmittelbaren Wortlaut keinen Schutz mehr. Es ist daher umstritten, wie der Betroffene sich gegen diese faktische Vollziehung zur Wehr setzen kann:

- Eine Ansicht meint, dass nur die einstweilige Anordnung nach § 123 I VwGO in Betracht kommt, da der Beschluss nach § 80 V VwGO nicht vollstreckt werden kann (vgl. § 168 Nr. 2 VwGO), sodass dem Betroffenen dieser nicht weiterhelfe.

- **Die h.M. steht dagegen auf dem Standpunkt, dass das Gericht dem Rechtsschutzziel und damit der aufschiebenden Wirkung auch nach § 80 V VwGO gerecht werden kann.** Für den Fall, dass die faktische Vollziehung droht, kann das Gericht analog § 80 V S. 1 VwGO feststellen, dass dem Rechtsbehelf aufschiebende Wirkung zukommt. Diese Möglichkeit eines Feststellungsantrags ergibt sich argumentum a maiore ad minus vom Aussetzungsantrag. Wenn die faktische Vollziehung bereits Wirklichkeit geworden ist, kann das Gericht analog § 80 V S. 3 VwGO anordnen, dass die Vollziehungsmaßnahmen aufzuheben sind.

Diese h.M. überzeugt insoweit, als dogmatisch § 80 V VwGO anzuwenden ist. Außerdem droht eine Umgehung des § 80 V VwGO durch die Behörde, indem die Behörde den VA vollzieht und der Bürger damit der im Hinblick auf die Beweislast günstigeren Rechtsschutzmöglichkeit des § 80 V VwGO beraubt wird.

> **hemmer-Methode: Sollte die Behörde allerdings diesen Beschluss des Gerichts nicht beachten, kommt nur noch ein Antrag nach § 123 I VwGO in Betracht, da dieser gemäß § 168 I Nr. 2 VwGO vollstreckt werden kann.**

Problem: Leistungseinstellungsbescheide

Die Abgrenzung von § 80 V VwGO und § 123 VwGO ist dann problematisch, wenn Leistungen, die immer wieder erfolgen, durch Bescheid eingestellt werden.

S erhält seit Januar 2018 Hilfe zum Lebensunterhalt (Sozialhilfe) nach § 8 Nr.1 SGB XII. Im Juli 2019 erhält er einen Bescheid des Sozialamtes, in dem ihm mitgeteilt wird, dass die Sozialhilfe ab August 2019 eingestellt wird, da er seine Arbeitskraft nicht zur Beschaffung des Lebensunterhalts einsetzt.

S befürchtet, dass er ab dem nächsten Monat mit leerem Geldbeutel dasteht und fragt daher nach vorläufigem Rechtsschutz.

Welches Verfahren ist statthaft?

Der Antrag des S könnte nach § 123 I VwGO statthaft sein. Dieses Verfahren ist jedoch ausgeschlossen, wenn der Antrag nach § 80 V VwGO statthaft ist, § 123 V VwGO. Dies ist dann der Fall, wenn es sich in der Hauptsache um die Anfechtung eines VAs handelt. Die Bewilligung von Sozialhilfe erfolgt durch VA. Fraglich ist, ob die Leistung aufgrund eines VAs mit Dauerwirkung gewährt wird oder ob es sich um eine stetige Neubewilligung handelt:

- Wird die Leistung einmalig auf Dauer festgelegt, erfolgt sie also aufgrund eines **VAs mit Dauerwirkung,** dann ist in der Einstellung der Leistung regelmäßig der Widerruf des Bewilligungsbescheides zu sehen. Wird dieser Widerruf angefochten, lebt der VA wieder auf (sog. „untoter VA"). Statthafte Klageart in der Hauptsache wäre die **Anfechtungsklage,** so dass sich das **Eilverfahren nach § 80 V VwGO richtet.**
- Wird die **Leistung dagegen durch VA abschnittweise für einen bestimmten Zeitraum bewilligt** und wird die Leistung dann eingestellt, müsste S in der Hauptsache eine **Verpflichtungsklage auf Neubewilligung** der Sozialhilfe erheben, mit der Folge, dass statthafte Antragsart im **einstweiligen Rechtsschutz § 123 I VwGO** ist.
- In der Praxis wird Sozialhilfe regelmäßig ohne Aussage zur zeitlichen Begrenzung gewährt und bei laufenden Leistungen grundsätzlich für den jeweiligen Kalendermonat neu bewilligt, da sie keine rentengleiche Dauerleistung darstellt, sondern eine öffentliche Nothilfe. Das bedeutet, dass Sozialhilfe durch die Auszahlung stillschweigend jeden Monat neu bewilligt wird.

Damit ist in der Hauptsache eine Verpflichtungsklage auf Bewilligung der Sozialhilfe zu erheben, sodass im vorläufigen Verfahren nur ein Antrag nach § 123 I VwGO statthaft ist.

hemmer-Methode: In der Klausur kann von Ihnen nicht verlangt werden, dass Sie alle Einzelheiten des Sozialhilferechts kennen. Vielmehr wird in solchen Klausuren, die eher unübliche Aufhänger haben, von Ihnen verlangt, dass Sie die einschlägigen Normen finden und mit eigenen Argumenten eine Lösung finden. Meistens bilden diese ungewöhnlichen Rechtsgebiete nur den Einstieg in klassische Gebiete des Allgemeinen Verwaltungsrechts.

Problem: Ausländerrecht

Im Ausländerrecht gibt es im Hinblick auf die Statthaftigkeit eines Antrags nach § 80 V VwGO eine Besonderheit, von der Sie einmal gehört haben sollten, die aber nicht zum Standardwissen für das Erste Examen zählt.

Der mexikanische Student M will zu Studienzwecken ein Jahr in Deutschland verweilen und beantragt nach seiner Einreise eine Aufenthaltsbewilligung nach § 16 I AufenthaltsG bei der zuständigen Behörde. Diese lehnt seinen Antrag zu Unrecht unter Berufung auf § 5 I Nr. 1 AufenthaltsG ab. Trotz des Widerspruchs des M droht ihm die Behörde die Abschiebung an, § 58 AufenthaltsG. M will auf das Studium in Deutschland nicht verzichten und fragt nach vorläufigem Rechtsschutz.

M fragt zu Recht nach gerichtlichem Rechtsschutz, denn sein Widerspruch hat nach § 58a I S. 2 AufenthaltsG i.V.m. § 80 II S. 1 Nr. 3 VwGO keine aufschiebende Wirkung.

- Auf den ersten Blick muss M einen Antrag nach § 123 I VwGO stellen, da er eine Aufenthaltsbewilligung erstrebt und daher in der Hauptsache eigentlich eine Verpflichtungsklage die statthafte Klageart wäre.

- Im Ausländerrecht gibt es aber eine Besonderheit, die sich aus der Duldungsfiktion des § 81 III S. 1 AufenthaltsG ergibt. Danach wird die Duldung eines Ausländers solange fingiert, bis die Ausländerbehörde über seinen Antrag entschieden hat. § 81 III S. 1 AufenthaltsG räumt dem Ausländer also bereits eine vorläufige Rechtsposition ein. Die Behörde hat den Antrag des M abgelehnt, sodass diese Duldungsfiktion entfallen ist. M ist nun nach § 50 I AufenthaltsG zur Ausreise verpflichtet.

- Sein Rechtsschutzbegehren konzentriert sich daher in erster Linie auf die Wiederherstellung der Duldungsfiktion, denn dieses Ziel ist für ihn schneller zu erreichen als die Erteilung einer Aufenthaltsbewilligung. Das bedeutet, dass hier auch eine **isolierte Anfechtungsklage in der Hauptsache** zulässig ist, **sodass sich im Eilverfahren der Rechtsschutz wegen dieses einfacher zu erreichenden Begehrens allein nach § 80 V S. 1 VwGO richtet.**

- Folge der Anordnung der aufschiebenden Wirkung ist, dass der Antrag auf Erteilung der Aufenthaltsbewilligung als noch nicht beschieden gilt und die Duldungsfiktion nach § 81 III S. 1 AufenthaltsG wieder auflebt. M muss nicht sofort ausreisen und hat Zeit gewonnen, um mit der Verpflichtungsklage eine Aufenthaltsbewilligung zu erstreiten.

hemmer-Methode: Anhand dieses Falls können Sie sehen, dass die Abgrenzung von § 80 V VwGO und § 123 I VwGO nicht nur von dem Rechtsbehelf in der Hauptsache abhängig ist, sondern auch von der Frage, wie der Betroffene sein Rechtsschutzziel am einfachsten erreichen kann.

Vorheriger Antrag nach § 80 IV VwGO

Ein Standardproblem i.R.d. Verfahrens nach § 80 V VwGO stellt die Frage nach einer vorherigen Rechtsbehelfseinlegung in der Hauptsache dar.

J hat seit Jahren einen Jagdschein. Am 02.10.2019 geht ihm ein Schreiben der zuständigen Behörde zu, in dem ihm mitgeteilt wird, dass sein Jagdschein für ungültig erklärt ist. Zudem wird der Bescheid für sofort vollziehbar erklärt, da die Behörde davon ausgeht, dass von J eine Gefahr für die Allgemeinheit ausgeht. J hat mit der Waffe seinen Nachbarn bedroht und sogar einige Schüsse abgegeben. J legt gegen die Maßnahme der Behörde Widerspruch ein und stellt daraufhin einen Antrag an das Verwaltungsgericht, die aufschiebende Wirkung seines Widerspruchs wiederherzustellen. Ein dahingehender Antrag an die Behörde erfolgte nicht.

Hat J ein Rechtsschutzbedürfnis für diesen Antrag?

1. Allgemeines Rechtsschutzbedürfnis:

Fraglich ist, ob J ein allgemeines Rechtsschutzbedürfnis an einer Entscheidung des Gerichts hat. Das wäre dann nicht der Fall, wenn er sein Rechtsschutzziel, also die Wiederherstellung der aufschiebenden Wirkung seines Widerspruchs auf andere, schnellere und effektivere Art und Weise erreichen könnte. In Betracht kommt hier ein Antrag nach § 80 IV S. 1 VwGO. Zumindest in den Fällen des § 80 II S. 1 Nr. 1VwGO sieht § 80 VI VwGO vor, dass vor dem Antrag nach § 80 V VwGO ein Antrag nach § 80 IV VwGO versucht worden sein muss.

2. Umstritten ist nun, ob sich daraus ein **allgemeiner Rechtsschutzgedanke für alle Fälle des § 80 II S. 1 VwGO** ableiten lässt:

- Eine Ansicht hält den Antrag nach § 80 IV VwGO für erforderlich, sodass das Rechtsschutzbedürfnis entfällt, wenn die Aussetzung nicht bei der Behörde beantragt wurde.
- Die h.M. sieht die Anträge nach § 80 V und IV VwGO dagegen in einem Alternativverhältnis, sodass das Rechtsschutzbedürfnis für den § 80 V VwGO-Antrag nicht entfällt, auch wenn kein vorheriger Antrag an die Behörde gestellt wurde.
- Diese h.M. ist überzeugender, da § 80 VI VwGO zum einen eine Ausnahmebestimmung ist, deren analoge Anwendung das Gebot effektiven Rechtsschutzes nach Art. 19 IV VwGO verbietet, und zum anderen, da das gerichtliche Verfahren kein Rechtsmittel gegenüber einer behördlichen Entscheidung darstellt, sondern beide Verfahren getrennt nebeneinander stehen.

Damit brauchte J keinen Antrag an die Behörde stellen, sondern konnte sich gleich an das Gericht wenden.

hemmer-Methode: Das Problem des vorherigen Antrags an die Behörde nach § 80 IV VwGO stellt sich allerdings dann nicht, wenn die Behörde aufgrund einer spezialgesetzlichen Regelung selbst die aufschiebende Wirkung nicht anordnen darf.

Es gibt Fälle, in denen der Antrag nach § 80 VwGO besonders eilbedürftig ist, etwa wenn eine Versammlung verboten wurde, dieses Verbot für sofort vollziehbar erklärt wurde, die Versammlung aber bereits am nächsten Tag stattfinden soll. Dann hat der Betroffene unter Umständen keine Zeit, rechtzeitig einen Rechtsbehelf einzulegen.

Variante zu Fall 34:

J möchte am 03.10. mit seinem Jagdfreund F auf Hasenjagd gehen. Aus diesem Grund stellt er telefonisch einen Eilantrag an das Gericht, die Aussetzung der Anordnung der sofortigen Vollziehung anzuordnen. Widerspruch hat er allerdings noch nicht eingelegt.

Ist der Antrag auch ohne die vorherige Rechtsbehelfseinlegung zulässig?

1. Allgemeines Rechtsschutzbedürfnis

Problematisch ist hier wieder das allgemeine Rechtsschutzbedürfnis, da J keinen Rechtsbehelf in der Hauptsache eingelegt hat. Eine Klage ist nach § 80 V S. 2 VwGO nicht erforderlich. Es ist allerdings umstritten, was für die Einlegung des Widerspruchs gilt:

- Eine Ansicht geht davon aus, dass die Anordnung oder Wiederherstellung der aufschiebenden Wirkung nach § 80 V VwGO eines noch nicht eingelegten Rechtsbehelfs schon begriffsnotwendig ausscheidet, sodass das Rechtsschutzziel mangels Anordnungsgrunds für einen Antrag nach § 80 V VwGO entfällt, wenn noch kein Rechtsbehelf in der Hauptsache eingelegt worden ist.
- Die Gegenansicht hält die vorherige Rechtsbehelfseinlegung dagegen nicht unbedingt für erforderlich. Andernfalls tritt eine mit Art. 19 IV GG und dem Zweck der Rechtsbehelfsfristen – Überlegungs- und Vorbereitungszeit – unvereinbare faktische Verkürzung der für die Hauptsache geltenden Rechtsbehelfsfristen ein. Dem Betroffenen muss aber die Möglichkeit eingeräumt werden, die Rechtsbehelfsfristen voll auszuschöpfen. Auch das BVerfG geht davon aus, dass vorläufiger Rechtsschutz nicht erst dann einsetzt, wenn auch ein Rechtsbehelf in der Hauptsache eingelegt ist. Mit der h.M. ist daher ein vorheriger Hauptsacherechtsbehelf nicht zwingende Zulässigkeitsvoraussetzung des Eilverfahrens.

Folglich scheitert der Antrag des J nicht am fehlenden Rechtsschutzbedürfnis.

2. Antrag

J müsste auch einen gültigen Antrag an das Gericht gestellt haben. Grundsätzlich gelten die §§ 81, 82 VwGO entsprechend, d.h. dass der Betroffene einen hinreichend bestimmten schriftlichen Antrag stellen muss.

J hat seinen Antrag aber telefonisch gestellt, sodass sein Antrag eigentlich nicht formgerecht ist. In extremen Eilfällen lässt die Rspr. jedoch auch einen telefonischen Antrag genügen, um dem Gebot des effektiven Rechtsschutzes gerecht zu werden. Das bedeutet, dass eine telefonische Antragstellung genügt, wenn allein diese zeitlich möglich ist. Soweit es J also nicht möglich war, seinen Antrag rechtzeitig schriftlich einzureichen, reichte sein telefonischer Antrag aus. **Damit ist im Ergebnis der Antrag nach § 80 V VwGO zulässig.**

> **hemmer-Methode: Zu beachten ist noch, dass im Einzelfall das Rechtsschutzbedürfnis dann entfällt, wenn der Antragsteller sein Ziel unschwer und in zumutbarer Weise bereits über § 80 I VwGO durch Einlegung eines Rechtsbehelfs erreichen kann. Beachten Sie, dass der Meinungsstreit zur vorherigen Einlegung eines Widerspruchs dann nur zu kurz anzureißen ist, wenn wie bspw. in Bayern ein Widerspruch ohnehin unstatthaft ist.**

Begründetheit des Antrags nach § 80 V S. 1 Alt. 1 VwGO

Das Gesetz enthält keinen ausdrücklichen Prüfungsmaßstab für die Entscheidung nach § 80 V S. 1 VwGO. Sinn und Zweck der Gesamtregelung verlangen aber, dass die Begründetheit des Antrags allgemein von der gleichen Abwägung wie bei § 80 II S. 1 Nr. 4 VwGO zwischen dem Vollzugsinteresse der Behörde und dem Suspensivinteresse des Betroffenen abhängig ist.

Entwerfen Sie ein Prüfungsschema für die Entscheidung nach § 80 V S. 1 Alt. 1 VwGO!

Begründetheit eines Antrags nach § 80 V S. 1 Alt. 1 VwGO:

Der Antrag ist begründet, wenn er gegen den richtigen Antragsgegner gerichtet ist und wenn eine umfassende Interessenabwägung ergibt, dass das private Aussetzungsinteresse das behördliche Vollziehungsinteresse überwiegt.

1. Richtiger Antragsgegner, § 78 I VwGO analog (soweit dies in Ihrem Bundesland eine Frage der Begründetheit ist)

2. Interessenabwägung, dabei v.a. Prüfung der Erfolgsaussichten des Rechtsbehelfs in der Hauptsache

a) Zulässigkeit des Hauptsacherechtsbehelfs

b) Begründetheit des Hauptsacherechtsbehelfs

- Hat der Rechtsbehelf in der Hauptsache Aussicht auf Erfolg, dann überwiegt in der Regel das Aussetzungsinteresse des Betroffenen, bzw. im umgekehrten Fall, wenn also der Rechtsbehelf keine Erfolgsaussichten hat, überwiegt das Vollziehungsinteresse der Behörde.
- Ist allerdings der Ausgang des Hauptsacheverfahrens nicht offensichtlich, muss der Abwägung eine sog. Doppelhypothese zugrunde gelegt werden, bei der eine Abwägung zwischen den Folgen vorzunehmen ist, die eintreten, wenn der Suspensiveffekt erhalten, der Rechtsbehelf aber erfolglos bleibt und den Folgen, die eintreten, wenn die aufschiebende Wirkung hergestellt, der Rechtsbehelf aber Erfolg hat.

hemmer-Methode: Das Gericht führt nur eine summarische Prüfung der Sach- und Rechtslage durch. Unstreitig bezieht sich das Summarische auf die Sachverhaltsaufklärung. Aufwendige Beweisaufnahmen sind grundsätzlich ausgeschlossen. Umstritten ist dagegen, ob auch die Rechtslage summarisch oder vollständig vorgenommen werden muss. Bei den Gerichten ist jedenfalls der Trend zur rechtlichen Vollprüfung zu erkennen.

In der Klausur muss zwar der Begriff "summarische Prüfung" fallen, die Rechtslage muss hier aber genauso sorgfältig erfolgen wie in einer "normalen" Klausur, so dass sich dieser Streit nicht auswirkt.

Eine § 80 V VwGO-Klausur stellt i.R. der Begründetheitsprüfung vielfach die gleichen Anforderungen wie die gewöhnliche Klausur, nur dass diese sozusagen in den anderen Aufbau „eingearbeitet“ werden muss

Im Umkreis der Stadt B sind wiederholt Fälle der Schweinepest aufgetreten. Auch im Betrieb des Bauern B werden einige Tiere verdächtigt, an der Seuche erkrankt zu sein. Die zuständige Behörde ordnet daraufhin nach § 24 I TierSG rechtmäßigerweise die Tötung dieser Tiere an. Um sich gegen diese Anordnung zu wehren, legt B Widerspruch ein und stellt einen Antrag an das Gericht, die aufschiebende Wirkung seines Rechtsbehelfs anzuordnen.

Hat der Antrag des B Aussicht auf Erfolg?

Erfolgsaussichten des Antrags:

I. Zulässigkeit

1. Verwaltungsrechtsweg (+)

2. Statthaftigkeit: Da in der Hauptsache die Anfechtungsklage gegen den VA die richtige Klageart ist und der Rechtsbehelf des B nach § 80 II S. 1 Nr. 3 VwGO, § 80 Nr. 3 TierSG keine aufschiebende Wirkung hat, ist ein Antrag nach § 80 V S. 1 Alt. 1 VwGO zu stellen.

3. Antragsbefugnis (+), B ist Adressat eines belastenden VAs

4. Rechtsschutzbedürfnis: Kein vorheriger Antrag nach § 80 IV VwGO an die Behörde notwendig.

II. Begründetheit

Der Antrag des B auf Anordnung der aufschiebenden Wirkung ist begründet, soweit (er je nach Bundesland gegen den richtigen Antragsgegner gerichtet ist und) eine umfassende Interessenabwägung ergibt, dass das private Suspensivinteresse des B das Vollzuginteresse überwiegt. In diesem Zusammenhang ist § 80 IV S. 3 VwGO analog heranzuziehen, so dass u.a. die Erfolgsaussichten des Hauptsacherechtsbehelfs zu berücksichtigen sind. Hat dieser offensichtlich Aussicht auf Erfolg, dann überwiegt im Allgemeinen das Aussetzungsinteresse bzw. im umgekehrten Fall das Vollzuginteresse.
Damit sind Zulässigkeit und Begründetheit des Rechtsbehelfs summarisch zu prüfen:

1. Zulässigkeit des Widerspruchs (+). Hier ergeben sich i.d.R. keine Probleme, da auf die Ausführungen zur Zulässigkeit des Eilantrags verwiesen werden kann

2. Begründetheit des Widerspruchs

Der Widerspruch ist begründet, soweit die Anordnung der Behörde rechtswidrig ist und B dadurch in seinen subjektiven Rechten verletzt ist. Hier erfolgte die Maßnahme zu Recht, sodass der Widerspruch unbegründet ist.
Damit überwiegt das Vollziehungsinteresse der Behörde, sodass der Antrag des B unbegründet ist und keine Aussicht auf Erfolg hat. Auch eine Abwägung der sonstigen Interessen ergibt hier kein abweichendes Ergebnis. Vielmehr fordert die Ansteckungs- und Seuchengefahr ein sofortiges Handeln der Behörde.

hemmer-Methode: Das Gericht fällt eine originäre Entscheidung, für die es egal ist, wie eine behördliche Entscheidung ausgefallen ist. Fraglich ist nur, ob dem Gericht hinsichtlich der Frage, ob es tätig wird, Ermessen zusteht (sog. Entschließungsermessen). Der Wortlaut „kann" legt dies jedenfalls nahe. Vor dem Hintergrund des Art. 19 IV GG wird aber deutlich, dass das Gericht Ermessen nur hinsichtlich des „Wie" hat (sog. Ausübungsermessen), nicht hinsichtlich des „Ob". Strittig ist, ob i.R.d. Interessenabwägung auf die Erfolgsaussichten des Widerspruchs oder der potenziellen Klage als Hauptsache abzustellen sind.

Begründetheit des Antrags nach § 80 V S. 1 Alt. 2 VwGO

Bei einem Antrag nach § 80 V S. 1 Alt. 2 VwGO auf Wiederherstellung der durch die Behörde nach § 80 II S. 1 Nr. 4 VwGO beseitigten Suspensivwirkung kann sich die Begründetheit aus formellen und materiellen Fehlern der Vollziehungsanordnung ergeben.

Entwerfen Sie ein Prüfungsschema für die Frage nach der Begründetheit eines Antrags nach § 80 V S. 1 Alt. 2 VwGO!

Begründetheit eines Antrags nach § 80 V S. 1 Alt. 2 VwGO:

Der Antrag ist begründet, wenn er sich gegen den richtigen Antragsgegner richtet, wenn die Anordnung der sofortigen Vollziehung aus formellen Gründen rechtswidrig ist oder wenn i.R.e. eigenen Interessenabwägung des Gerichts das Suspensivinteresse des Antragstellers das Vollzugsinteresse der Allgemeinheit überwiegt.

1. Richtiger Antragsgegner, § 78 I VwGO analog (soweit dies in Ihrem Bundesland eine Frage der Begründetheit ist)

2. Rechtmäßigkeit der Vollziehungsanordnung

formelle Rechtmäßigkeit: Zuständigkeit, Verfahren, Form (insbesondere Problem der fehlenden Begründung, vgl. KK 24)

3. eigene umfassende Interessenabwägung des Gerichts

Dabei sind die Erfolgsaussichten des Rechtsbehelfs in der Hauptsache zu berücksichtigen:

a) Zulässigkeit des Hauptsacherechtsbehelfs

b) Begründetheit des Hauptsacherechtsbehelfs

- VA offensichtlich rechtmäßig und Rechtsbehelf offensichtlich aussichtslos ⇨ regelmäßiges Überwiegen des Vollziehungsinteresses ⇨ Antrag unbegründet
- VA offensichtlich rechtswidrig ⇨ Rechtsbehelf offensichtlich begründet ⇨ regelmäßiges Überwiegen des Suspensivinteresses ⇨ Antrag begründet
- Liegt die Prognose allerdings dazwischen, was in einer Klausur allerdings aufgrund des eindeutigen Sachverhalts eher unwahrscheinlich ist, ist eine von den Erfolgsaussichten des Hauptsacheverfahrens unabhängige Interessenabwägung vorzunehmen:

  Zu fragen ist, welche Nachteile entstünden, wenn das Gericht die aufschiebende Wirkung nicht wiederherstellen würde, die Klage sich aber als erfolgreich herausstellte und welche Nachteile entstünden, wenn die Suspensivwirkung wiederhergestellt würde, die Klage aber erfolglos bliebe.

hemmer-Methode: Sie sehen, dass es bei der Prüfung eines § 80 V VwGO-Antrags in der Klausur zu einer Schachtelprüfung kommt. Haben Sie sich den Aufbau einmal klargemacht, kann Ihnen in der Klausur nicht mehr viel passieren.

Aufgrund der strengen gesetzlichen Anforderungen an die formelle Rechtmäßigkeit der Vollziehungsanordnung, können hier viele Probleme auftauchen, die auch oft in Klausuren „versteckt“ sind.

J ist im Besitz eines Jagdscheins. Dieser Schein wird für unwirksam erklärt, da J sich zwischenzeitlich nach §§ 223, 224 I Nr. 2 StGB strafbar gemacht hat und rechtskräftig verurteilt wurde. Dieser Unwirksamkeitserklärung wurde für sofort vollziehbar erklärt. Die Anordnung der sofortigen Vollziehbarkeit wurde damit begründet, dass sie im öffentlichen Interesse liege. J legt gegen den Bescheid Widerspruch ein und stellt einen Antrag an das Gericht, die aufschiebende Wirkung wiederherzustellen. Im Eilverfahren begründet die Behörde den sofortigen Vollzug damit, dass die dringende Gefahr besteht, dass J weiterhin Gewaltstraftaten mit seiner Waffe begeht.

Ist der zulässige Antrag auch begründet?

Der Antrag nach § 80 V S. 1 Alt. 2 VwGO ist begründet, wenn die Anordnung der sofortigen Vollziehung rechtswidrig ist und der Antragsteller dadurch in seinen subjektiven Rechten verletzt ist.

Zunächst müsste die **Anordnung formell rechtmäßig** sein. Problematisch könnte hier die Begründung der Behörde nach § 80 III S. 1 VwGO sein. Im Bescheid hat die Behörde nur den Gesetzestext wiederholt. Dies reicht nicht aus für eine ordnungsgemäße Begründung, sodass diese fehlerhaft war. Möglicherweise ist die fehlerhafte Begründung aber im Verfahren nach § 80 V VwGO durch das Nachschieben der ordnungsgemäßen Begründung geheilt worden:

- Eine Ansicht lässt diese Heilung aus prozessökonomischen Gründen noch im § 80 V VwGO-Verfahren bis zum Erlass des Widerspruchsbescheids zu, da es puren Formalismus darstelle, wenn die nachgeschobene Begründung im Aussetzungsverfahren unberücksichtigt bleibt, die Behörde aber jederzeit eine neue Vollziehungsanordnung erlassen kann.
- Die h.M. hält das Nachschieben von Gründen dagegen für unzulässig. Angesichts des Schutzzwecks des § 80 III VwGO, der der Behörde den Ausnahmecharakter des § 80 II S. 1 Nr. 4 VwGO vergegenwärtigen soll, ist eine Heilung durch das Nachschieben von Gründen generell ausgeschlossen.
- Diese Ansicht überzeugt insofern, als eine Heilung dem Ausnahmecharakter des § 80 II S. 1 Nr. 4 VwGO nicht entspricht. Die Begründungspflicht würde bedeutungslos. Zudem ist § 45 II VwVfG nicht anwendbar, da die Anordnung der sofortigen Vollziehung kein VA ist.

Somit ist die Anordnung im Fall formell rechtswidrig, sodass der Antrag des F schon aus diesem Grund erfolgreich ist.

hemmer-Methode: Ist die Vollziehungsanordnung wegen eines Verstoßes gegen § 80 III S. 1 VwGO rechtswidrig, dann ist dem Eilantrag nach h.M. ohne weitere Sachprüfung stattzugeben. Umstritten ist aber die Wirkung dieser Entscheidung. Nach einer Ansicht hat die Tenorierung des Beschlusses lediglich auf Aufhebung der Vollziehungsanordnung zu lauten, da bei vollständiger Wiederherstellung der aufschiebenden Wirkung die Behörde wegen der mit dem Beschluss verbundenen Bindungswirkung keine neue Vollziehungsanordnung erlassen könnte. Die Gegenansicht steht dagegen auf dem Standpunkt, dass das Gericht durchaus die aufschiebende Wirkung wiederherstellen darf. Da das Gericht nicht in der Sache entscheide, bestehe die Bindungswirkung nur dahingehend, dass die Behörde die Vollziehungsanordnung nicht ohne ausreichende Begründung erlassen darf. Beide Ansichten kommen zu dem Ergebnis, dass die Behörde jedenfalls eine neue, ordnungsgemäß begründete Vollziehungsanordnung erlassen kann, sodass sich dieser Streit praktisch nicht auswirkt.

Meistens wird die Vollziehungsanordnung aber nicht aus formellen Gründen rechtswidrig sein. Dann ist auch bei einer Entscheidung nach § 80 I S. 1 Alt. 2 VwGO eine umfassende Interessenabwägung vorzunehmen.

Trödelhändler T wurde in einem Strafprozess wegen des Verdachts der Hehlerei freigesprochen, da das Gericht es als erwiesen ansah, dass T keine gestohlene Ware verkauft hat. Die Gewerbebehörde ist dagegen der Ansicht, dass T sich wegen Hehlerei schuldig gemacht hat und untersagt T deshalb die Ausübung des Gewerbes. Der formell rechtmäßige Bescheid wird formell rechtmäßig für sofort vollziehbar erklärt.

Ist ein Antrag des T nach § 80 V S. 1 Alt. 2 VwGO begründet?

Der Antrag ist begründet, wenn die Anordnung der sofortigen Vollziehung formell rechtwidrig ist oder wenn das Suspensivinteresse des Antragstellers das Vollzugsinteresse der Allgemeinheit überwiegt.

I. Da hier die Anordnung formell rechtmäßig ist, muss das Gericht eine **umfassende originäre Interessenabwägung** vornehmen. Der Antrag ist mithin begründet, wenn das Suspensivinteresse des Betroffenen gegenüber dem Vollziehungsinteresses der Behörde vorrangig ist. Nach h.M. sind i.R. der Interessenabwägung die Erfolgsaussichten des Rechtsbehelfs in der Hauptsache zu berücksichtigen. Hat dieser offensichtlich Aussicht auf Erfolg, dann überwiegt i.d.R. das Suspensivinteresse des Betroffenen, hat dieser dagegen keine Aussicht auf Erfolg, dann überwiegt regelmäßig das Interesse der Behörde an der sofortigen Vollziehung.

II. Somit sind hier die **Erfolgsaussichten des Hauptsacherechtsbehelfs** (Widerspruch) zu prüfen.

1. Zulässigkeit des Rechtsbehelfs in der Hauptsache (+)

2. Begründetheit des Rechtsbehelfs in der Hauptsache

a) Formelle Rechtmäßigkeit des Bescheids (+)

b) Materielle Rechtmäßigkeit des Bescheids

Nach § 35 III S. 1 Nr. 1und 2 GewO darf die Behörde hinsichtlich der Feststellung des Sachverhalts und der Beurteilung der Schuldfrage nicht von dem Urteil des Gerichts zu Lasten des Betroffenen abweichen, sog Feststellungswirkung. Hier hat die Gewerbebehörde aber ihrer Entscheidung einen Sachverhalt zugrundegelegt, der von dem Inhalt des Gerichtsurteils abweicht. Damit ist der Bescheid rechtswidrig.

c) Durch den rechtswidrigen Bescheid ist T auch in seinen subjektiv-öffentlichen Rechten verletzt, sodass der Widerspruch des T Aussicht auf Erfolg hat.

Für die Interessenabwägung bedeutet dies, dass das Interesse des T an der aufschiebenden Wirkung seines Widerspruchs überwiegt. **Im Ergebnis ist damit der Antrag des T nach § 80 V S. 1 Alt. 2 VwGO begründet.**

hemmer-Methode: I.R. der Prüfung der Zulässigkeit des Rechtsbehelfs in der Hauptsache kann i.d.R auf die Ausführungen zur Zulässigkeit des Antrags nach § 80 V VwGO verwiesen werden, da sich hier im Grunde die gleichen Probleme stellen!

Bei Ablehnung eines Antrags nach § 80 V VwGO hat der Betroffene verschiedene Möglichkeiten, sich gegen diesen Beschluss zur Wehr zu setzen.

A hat gegen eine Baueinstellungsverfügung, die wegen akuter Einsturzgefahr des Rohbaus für sofort vollziehbar erklärt wurde, Widerspruch und Anfechtungsklage erhoben. Zudem hat er erfolglos einen Antrag nach § 80 V S. 1 Alt. 2 VwGO gestellt. Wie kann er sich dagegen zur Wehr setzen?

1. Beschwerde nach §§ 146 ff. VwGO:

Gegen den Beschluss nach § 80 V S. 1 VwGO ist die Beschwerde nach §§ 146 ff. VwGO statthafter Rechtsbehelf. Das OVG überprüft nicht nur die Entscheidung des VGs in vollem Umfang, sondern trifft eine eigene Entscheidung, für die die gleichen Grundsätze gelten wie im Aussetzungsverfahren nach § 80 V VwGO.

2. Verfassungsbeschwerde nach Art. 93 I Nr. 4a GG, §§ 13 Nr. 8a, 90 ff. BVerfGG

Gegen die Eilentscheidung nach § 80 V VwGO bzw. die danach ergangene Beschwerdeentscheidung ist grundsätzlich auch die Verfassungsbeschwerde möglich, obwohl noch das Hauptsacheverfahren läuft, denn das Hauptsacheverfahren ist i.R. der Rechtswegerschöpfung nicht zu beachten. Es handelt sich dabei um ein anderes Verfahren.

- In der Regel scheitert die Verfassungsbeschwerde allerdings aus Gründen der Subsidiarität, denn das Hauptsacheverfahren bietet normalerweise ausreichende Möglichkeiten, um der Grundrechtsverletzung abzuhelfen.
- Dieser Weg muss dem Beschwerdeführer allerdings auch zumutbar sein. Dies wird regelmäßig anzunehmen sein, wenn mit der Verfassungsbeschwerde ausschließlich Grundrechtsverletzungen gerügt werden, die sich auf die Hauptsache beziehen, wenn die tatsächliche und einfachrechtliche Lage durch die Fachgerichte noch nicht ausreichend geklärt ist und dem Beschwerdeführer durch die Verweisung auf den Rechtsweg in der Hauptsache kein schwerer Nachteil entsteht (vgl. StaatsR I, Rn. 59, 60).

Hier rügt A ausschließlich Grundrechte, die sich auf die Hauptsache beziehen. Zudem ist ihm ein Abwarten der Entscheidung der Hauptsache auch zumutbar. **Damit scheidet eine Verfassungsbeschwerde aus. Es verbleibt ihm also nur die Möglichkeit einer Beschwerde nach §§ 146 ff. VwGO. Bei einer Änderung Sachlage oder neuen Tatsachen kann zudem der Antrag nach § 80 VII S. 2 VwGO gestellt werden.**

hemmer-Methode: Ein Schadensersatzanspruch nach § 123 III VwGO, § 945 ZPO analog scheidet nach h.M. aus, da diese Vorschrift Ausnahmecharakter hat und zudem keine vergleichbare Interessenlage vorliegt. Es kommt aber unter Umständen ein Folgenbeseitigungs- oder Amtshaftungsanspruch in Betracht, wenn durch die rechtswidrige Anordnung des Sofortvollzugs und die nachfolgende Aussetzungsentscheidung ein Schaden entstanden ist.

Regelungsgehalt des § 80a VwGO

Aus § 80a I, II VwGO ergibt sich, dass VAe mit Doppelwirkung solche sind, die einen Betroffenen rechtlich begünstigen, zugleich aber einen anderen belasten. Dabei muss die Belastung auf der einen Seite unmittelbar der Begünstigung auf der anderen Seite entsprechen. Eine nur mittelbare bzw. faktische Belastung reicht nicht aus.

Skizzieren Sie die Möglichkeit, die Adressat und Dritter nach § 80a VwGO jeweils haben, um die aufschiebende Wirkung bzw. den Sofortvollzug eines VAs herbeizuführen bzw. wieder zu beseitigen.

Lesen Sie sich vorher § 80a VwGO aufmerksam durch und versuchen Sie, dessen Systematik zu verstehen!

Übersichten zu § 80a I, III VwGO:

A. Vorliegen eines den Adressaten begünstigenden VAs? Wenn (-) ⇨ § 80a II VwGO, wenn (+) ⇨

B. Hat der Drittrechtsbehelf aufschiebende Wirkung?

I. Aufschiebende Wirkung (+), §§ 80 I S. 2, 80 a VwGO

1. Antrag des Begünstigten (A) an die Behörde auf Anordnung der sofortigen Vollziehung, §§ 80a I Nr. 1, 80 II S. 1 Nr. 4 VwGO

a) Vollziehungsanordnung (-) ⇨ Antrag des A an das Gericht auf Anordnung der sofortigen Vollziehung, §§ 80a III S. 1 Alt. 3, 80a III S. 2, 80 V VwGO

b) Vollziehungsanordnung (+) ⇨ Antrag des D an das Gericht auf Wiederherstellung der aufschiebenden Wirkung, §§ 80a III S. 1 Alt. 2, 80a III S. 2, 80 V VwGO

2. Antrag des A an das Gericht auf Anordnung der sofortigen Vollziehung, §§ 80a III S. 1 Alt. 3, 80a III S. 2, 80 V VwGO (str., ob vorheriger Antrag nach § 80a I Nr. 2 VwGO erforderlich), falls (-) Beschwerde nach § 146 VwGO

II. Aufschiebende Wirkung (-), § 80 II S. 1 VwGO, Bsp.: § 80 II Nr. 3 VwGO i.V.m. § 212a BauGB

1. Antrag des D an die Behörde auf Aussetzung der Vollziehung, §§ 80a I Nr. 2, 80 IV VwGO

a) Aussetzung (+) ⇨ Antrag des A an das Gericht auf Aufhebung der Vollziehungsaussetzung, §§ 80a III S. 1 Alt. 2, 80a III S. 2, 80 V VwGO

b) Aussetzung (-) ⇨ Antrag des D an das Gericht auf Anordnung der aufschiebenden Wirkung, §§ 80a III S. 1 Alt. 3, 80a III S. 2, 80 V VwGO

2. Antrag des D an das Gericht auf Anordnung der aufschiebenden Wirkung, §§ 80a III S. 1 Alt. 3, 80a III S. 2, 80 V VwGO (str., ob vorheriger Antrag nach § 80a I Nr. 2 VwGO erforderlich), falls (-) Beschwerde nach § 146 VwGO

hemmer-Methode: Im Ergebnis hat der Betroffene immer die Möglichkeit, sich an die Behörde oder an das Gericht zu wenden. Gegen die Entscheidung der Behörde kann sich der andere durch einen Antrag an das Gericht wehren, gegen den Gerichtsbeschluss nur mit der Beschwerde an das OVG, §§ 146 ff. VwGO. § 80a II VwGO ist einschlägig, wenn es um einen den Adressaten belastenden, einen Dritten aber begünstigenden VA wie bspw. eine Baubeseitigung geht. § 80a II VwGO regelt hier nur Besonderheiten bei Eilanträgen des Dritten. Dieser kann die Anordnung des Sofortvollzugs beantragen. Der Eilrechtsschutz des Adressaten selbst richtet sich nicht nach § 80a II VwGO, sondern direkt nach § 80 IV, V VwGO.

Beispiel 1

I.R. der Begründetheit der Anträge nach § 80a III VwGO ist den gleichen Grundsätzen zu folgen wie bei § 80 V VwGO. Allerdings fällt die Interessenabwägung nicht allein deshalb zugunsten des belasteten Dritten aus, weil der VA offensichtlich rechtswidrig ist. Es muss zudem die Verletzung eines subjektiven Rechts, also einer drittschützenden Norm vorliegen, damit das Aussetzungsinteresse des Betroffenen überwiegt. Bei nur objektiver Rechtswidrigkeit hat eine von den Erfolgsaussichten unabhängige Interessenabwägung stattzufinden.

Z erhält eine immissionsschutzrechtliche Genehmigung zum Betrieb eines Zementwerks. Die Genehmigung wird für sofort vollziehbar erklärt. Hiergegen legt Nachbar N - nachdem seinen Einwendungen gegen die Anlage im Genehmigungsverfahren nicht entsprochen wurde - Widerspruch ein, da er befürchtet, durch die von der Anlage ausgehenden Immissionen gestört zu werden. Was kann N tun?

1. Zunächst ist festzustellen, dass der Widerspruch des N **keine aufschiebende Wirkung** hat, da die Genehmigung des Z für sofort vollziehbar erklärt wurde. Z kann also gleich mit dem Bau beginnen. Somit muss N zuerst nach Rechtsschutzmöglichkeiten suchen.

2. N hat nun zwei Möglichkeiten, um die aufschiebende Wirkung seines Rechtsbehelfs wieder herzustellen.

a) N kann nach §§ 80a I Nr. 2, 80 IV VwGO bei der Behörde die Wiederherstellung der aufschiebenden Wirkung beantragen. Ob die Wiederherstellung erfolgt, richtet sich nach der bereits dargestellten umfassenden Interessenabwägung, bei der insbesondere die Rechtmäßigkeit der Genehmigung eine Rolle spielt. Ist diese offensichtlich rechtmäßig, dann kann mangels eines überwiegenden Interesses des N die Wiederherstellung des Suspensiveffekts nicht erfolgen. Ist die Erteilung hingegen offensichtlich rechtswidrig, so muss wegen der Besonderheit des Drittrechtsbehelfs nach der subjektiven Rechtsverletzung gefragt werden.

b) N kann aber neben dem Antrag an die Behörde einen Antrag nach §§ 80a III S. 1 Alt. 3, 80a III S. 2, 80 V VwGO auf Wiederherstellung der aufschiebenden Wirkung an das Gericht der Hauptsache stellen. Der Erfolg dieses Antrags hängt davon ab, ob er zulässig und begründet ist. I.R. der Begründetheit hat wieder eine Interessenabwägung stattzufinden, bei der die Erfolgsaussichten des Hauptsacherechtsbehelfs zu berücksichtigen sind mit der Besonderheit, dass noch die Verletzung einer drittschützenden Norm geprüft werden muss, wenn der VA offensichtlich rechtswidrig ist.

3. Möglichkeiten des Anlagenbetreibers Z:

a) Wenn N mit seinem Aussetzungsantrag nach §§ 80a I Nr. 2, 80 IV VwGO bei der Behörde Erfolg hat, kann Z, um sein Werk errichten zu können, **nach §§ 80a III S. 1 Alt. 2, 80a III S. 2, 80 V VwGO bei Gericht den Antrag stellen, die Aussetzung der Vollziehung durch die Behörde aufheben zu lassen.**

b) Hat N dagegen mit seinem gerichtlichen Antrag nach §§ 80a III S. 1 Alt. 3, 80a III S. 2, 80 V VwGO Erfolg, bleibt Z nur noch die Möglichkeit, **einen Änderungsantrag nach § 80 VII VwGO zu stellen oder eine Beschwerde nach §§ 146 ff. VwGO zu erheben**.

hemmer-Methode: Beachten Sie außerdem, dass i.R.d. § 80a VwGO regelmäßig nicht das öffentliche Interesse am Sofortvollzug mit dem privaten Aussetzungsinteresse konkurriert, sondern zwei private Interessen gegeneinander abzuwägen sind.

Auch bei einem Drittwiderspruch stellt sich das Problem, ob der Dritte gleich einen Antrag nach § 80a III VwGO an das Gericht stellen darf oder ob er vorher einen Antrag an die Behörde stellen muss.

Im letzten Fall stellt N gleich einen Antrag an das Gericht nach § 80a III S. 1 Alt. 3 VwGO. Ist dieser Antrag zulässig?

Zulässigkeit des Antrags:

1. Verwaltungsrechtsweg (+)

2. Statthaftigkeit: N möchte sich gegen die Genehmigung wenden, sodass in der Hauptsache die Anfechtungsklage die richtige Klageart wäre. Somit richtet sich der vorläufige Rechtsschutz gemäß § 123 V VwGO nach §§ 80, 80a VwGO. Da es sich hier um einen sog. Drittwiderspruch handelt, kommt nur § 80a VwGO in Betracht.

3. Antragsbefugnis, § 42 II VwGO analog: I.R. der Antragsbefugnis ist beim Drittrechtsbehelf die Möglichkeit der Verletzung einer drittschützenden Norm zu prüfen. Hier könnte die Genehmigung gegen § 5 I Nr. 1 BImSchG verstoßen. Dass N durch Immissionen einer Zementfabrik beeinträchtigt wird, kann zumindest nicht ausgeschlossen werden.

4. Rechtsschutzbedürfnis

Problematisch ist, ob N vor dem Antrag an das Gericht erfolglos einen Antrag an die Ausgangs- oder Widerspruchsbehörde nach § 80a I Nr. 2 VwGO stellen musste. Gesetzlich vorgesehen ist dieser Vorrang nach § 80a III S. 2 VwGO in Verweis auf § 80 VI VwGO in den Fällen des § 80 II S. 1 Nr. 1 VwGO. In den anderen Fällen stellt sich die systematische Frage, ob § 80a III S. 2 VwGO einen Rechtsgrund- oder einen Rechtsfolgenverweis auf § 80 VI VwGO enthält. Handelt es sich um einen Rechtsfolgenverweis, so gilt der Vorrang der behördlichen Entscheidung für alle Fälle des § 80a III S. 2 VwGO. Eine Ansicht hält § 80a III S. 2 VwGO für einen Rechtsfolgenverweis, da diese Vorschrift nur eine entsprechende Anwendung vorsehe, die als Rechtsgrundverweis keinen Sinn mache. Die h.M. sieht in § 80 III S. 2 VwGO dagegen einen Rechtsgrundverweis auf § 80 VI VwGO, da es sich um eine Ausnahmebestimmung handele, die nur für die Fälle des § 80 II S. 1 Nr. 1 VwGO gelte.

Für die h.M. spricht, dass das gerichtliche Verfahren des §§ 80a III, 80 V VwGO kein Rechtsmittelverfahren gegenüber dem behördlichen Aussetzungsverfahren ist, sondern zu diesem in einem Alternativverhältnis steht. **Somit brauchte N nicht zuerst einen Antrag an die Behörde stellen, sondern konnte sich sofort an das Gericht wenden.**

hemmer-Methode: Das Problem des vorherigen Antrags an die Behörde stellt sich letztlich daraus, dass der Verweis in § 80 VI VwGO eine Konstellation erfasst, die praktisch kaum dankbar ist, nämlich eine Anforderung öffentlicher Kosten mit Drittwirkung. Um diesem Verweis überhaupt einen Sinn zugeben, muss man ihn entweder in allen Fällen des § 80a III VwGO gelten lassen oder ihn als ein Redaktionsversehen des Gesetzgebers ohne praktische Anwendung ansehen. Die letzte Ansicht ist wohl vorzugswürdig.

Beispiel 2

Wenn der Widerspruch des Dritten aufschiebende Wirkung hat, § 80 I VwGO, oder in den Fällen des § 80 II VwGO die aufschiebende Wirkung durch die Behörde oder das Gericht aber angeordnet bzw. wiederhergestellt wurde, gibt es verschiedene Möglichkeiten für den Betroffenen, zu reagieren.

B erhält eine immissionsschutzrechtliche Genehmigung nach §§ 4 I, 6 BImSchG für seine Glasfabrik. Nachbar N fürchtet den Lärm. Er legt daher - nachdem seinen Einwendungen im Genehmigungsverfahren nicht entsprochen wurde - Widerspruch ein. Wie ist die Rechtslage?

1. Zunächst ist festzustellen, dass der Widerspruch des N **aufschiebende Wirkung** hat. B darf also wegen § 80 I VwGO nicht mit der Errichtung seiner Fabrik beginnen. Somit muss zuerst B nach Rechtsschutzmöglichkeiten suchen.

2. B hat zwei Möglichkeiten, zu reagieren:

a) Er kann nach §§ 80a I Nr. 1, 80 II S. 1 Nr. 4 VwGO bei der Behörde die Anordnung der sofortigen Vollziehung beantragen mit der Folge, dass der Widerspruch des N keine aufschiebende Wirkung mehr hätte. Der Erfolg des Antrags hängt wiederum von einer umfassenden Interessenabwägung ab, die in erster Linie die Rechtmäßigkeit des VAs zu berücksichtigen hat.

b) B kann aber auch gleich nach §§ 80a III S. 1 Alt. 3, 80a III S. 2, 80 V VwGO bei Gericht den Antrag stellen, die sofortige Vollziehung anzuordnen. Der Erfolg dieses Antrags hängt davon ab, ob er zulässig und begründet ist. I.R. der Begründetheit hat wieder die Interessenabwägung stattzufinden, bei der die Erfolgsaussichten des Hauptsacherechtsbehelfs zu berücksichtigen sind.

3. Möglichkeiten des N:

a) Ordnet die Behörde auf Antrag des B die sofortige Vollziehung an, kann N nach §§ 80a III S. 1 Alt. 2, 80a III S. 2, 80 V VwGO einen Antrag an das Gericht stellen, die Entscheidung der Behörde aufzuheben und die aufschiebende Wirkung wiederherzustellen.

b) Hat der Antrag des B an das Gericht Erfolg, kann N sich dagegen nur mit einem Änderungsantrag nach § 80 VII VwGO oder einer Beschwerde nach §§ 146 ff. VwGO wehren.

hemmer-Methode: Letztlich gleichen sich die Möglichkeiten des Adressaten und des Dritten zu reagieren. Man muss sich nur die Frage stellen, wer zuerst Maßnahmen ergreifen muss, um die für ihn ungünstige Lage zu beseitigen. Entscheidend ist dabei die Frage, ob der Rechtsbehelf des Dritten aufschiebende Wirkung hat oder nicht. Ist dies der Fall, muss der Adressat zuerst reagieren, ist dies nicht der Fall, muss der Dritte tätig werden.

Hat man sich dieses System einmal klar gemacht, braucht man keine Angst vor einer § 80a VwGO-Klausur zu haben. Versuchen Sie deshalb nicht, alle Konstellationen auswendig zu lernen!

Faktische Vollziehung durch Adressaten

Es gibt auch Fälle, in denen zwar der Widerspruch des Dritten aufschiebende Wirkung hat, der Adressat sich daran aber nicht hält und von dem VA Gebrauch macht. Dann liegt eine sog. faktische Vollziehung vor, die der faktischen Vollziehung durch die Behörde ähnelt, vgl. dazu Karteikarte 32.

Variante zum letzten Fall:

Trotz des Widerspruchs des N beginnt B mit der Errichtung seiner Glasfabrik. Was kann N unternehmen, um B zu stoppen?

Der Widerspruch des N hat grundsätzlich aufschiebende Wirkung, sodass B nicht mit der Errichtung seiner Fabrik beginnen darf. N kann dagegen aber nicht direkt nach §§ 80a, 80 VwGO vorgehen. Es liegt ein Fall der **sog. faktischen Vollziehung** vor, bei der allerdings nicht die Behörde, sondern der Begünstigte selbst den faktischen Vollzug herbeigeführt hat. Ob hier die gleichen Grundsätze gelten wie bei dem faktischen Vollzug durch die Behörde, ist umstritten.

1. N kann jedenfalls die Behörde auffordern, an den B eine **Baueinstellungsverfügung** zu erlassen.

2. Reagiert die Behörde nicht oder nicht schnell genug, muss B **vorläufigen Rechtsschutz** bei Gericht beantragen. Fraglich ist, ob sich der gerichtliche Rechtsschutz nach § 123 VwGO oder nach § 80a VwGO richtet.

- Nach einer Ansicht ist nur ein Antrag nach § 123 I VwGO statthaft, da N das Ziel verfolgt, die Behörde zum Erlass einer Verfügung zu verpflichten. Insbesondere sollen nach dieser Ansicht auch keine Anordnungen durch das Gericht auf Rückgängigmachung der Vollzugsfolgen gegenüber dem privaten Dritten nach §§ 80a III S. 2, 80 V S. 3 VwGO getroffen werden, da es sich um rein verfahrensrechtliche Vorschriften handele, die eine für Eingriffe erforderliche Ermächtigungsgrundlage nicht ersetzen könnten.
- Die wohl h.M. stellt dagegen auf die Vergleichbarkeit mit der sog. faktischen Vollziehung durch die Behörde ab und verweist N auf einen Antrag auf Erlass einstweiliger Maßnahmen nach **§§ 80a III S. 1 Alt. 3, 80a I Nr. 2 a.E, 80a III S. 2, 80 V S. 3 VwGO**. In §§ 80a III S. 1, 80a I Nr. 2 VwGO eine eigenständige Ermächtigungsgrundlage zu erblicken, stelle keineswegs eine Systemwidrigkeit dar, da auch die aufschiebende Wirkung ohne Rücksicht auf das materielle Recht eintrete.

Diese letztgenannte Auffassung überzeugt, da der Gesetzgeber den vorläufigen Rechtsschutz in Zusammenhang mit Drittwirkung abschließend in §§ 80, 80a VwGO regeln wollte. Zudem besteht kein Grund, die faktische Vollziehung eines VAs durch einen Privaten anders zu beurteilen als die durch die Behörde.

hemmer-Methode: Das Verwaltungsgericht kann nach h.M. dem Antrag des Nachbarn nur dadurch stattgeben, dass es die Behörde zur Vornahme entsprechender Sicherungsmaßnahmen bzw. auf Erlass eines auf Rückgängigmachung der Vollziehung gerichteten VAs verpflichtet.

In den Fällen, in denen die §§ 80, 80a VwGO nicht eingreifen, richtet sich der vorläufige Rechtsschutz nach § 123 VwGO, vgl. § 123 V VwGO. Im Gegensatz zu § 80 I VwGO, der in der Regel automatisch vorläufigen Rechtsschutz in der Form der aufschiebenden Wirkung bietet, wenn jemand Widerspruch oder Anfechtungsklage erhoben hat, kann i.R.d. § 123 I VwGO nur das Gericht vorläufigen Rechtsschutz gewähren.

Entwerfen Sie ein Zulässigkeitsschema für die Prüfung einer einstweiligen Anordnung nach § 123 I VwGO!

Zulässigkeit einer einstweiligen Anordnung:

I. Eröffnung des Verwaltungsrechtswegs

II. Statthaftigkeit

1. § 123 V VwGO: Abgrenzung zu § 80 V VwGO

2. Abgrenzung Sicherungs-/Regelungsanordnung

III. Antragsbefugnis, § 42 II VwGO analog

1. Möglichkeit des Anordnungsgrunds

2. Möglichkeit des Anordnungsanspruchs

IV. Allgemeines Rechtsschutzbedürfnis: z.B. vorheriger Antrag an die Behörde, grundsätzlich keine Vorwegnahme der Hauptsache

V. Zuständigkeit des Gerichts, § 123 II S. 1 VwGO

VI. Beteiligten- und Prozessfähigkeit, §§ 61, 62 VwGO

VII. Ordnungsgemäßer Antrag nach §§ 81, 82 VwGO, Bezeichnung von Anordnungsgrund und -anspruch, § 123 III VwGO i.V.m. § 920 ZPO

hemmer-Methode: Auch das Verfahren nach § 123 I VwGO ist ein summarisches Verfahren, das aber im Aufbau dem Hauptsacheverfahren gleicht. Es ist hier ebenfalls zwischen Zulässigkeit und Begründetheit des Antrags zu unterscheiden.

§ 123 I VwGO regelt zwei unterschiedliche Formen der einstweiligen Anordnung: die sog. Sicherungsanordnung nach § 123 I S. 1 VwGO und die sog. Regelungsanordnung nach § 123 I S. 2 VwGO.

Wie unterscheiden sich die Sicherungs- und die Regelungsanordnung?

- Die **Sicherungsanordnung nach § 123 I S. 1 VwGO** ist einschlägig, wenn es um die **Erhaltung des status quo** geht, also um die Sicherung eines bereits bestehenden Rechts, während die **Regelungsanordnung** statthaft ist, wenn es dem Antragsteller um die vorläufige **Begründung oder Erweiterung einer Rechtsposition** geht. Das bedeutet, dass die Sicherungsanordnung der einstweiligen Verfügung nach § 935 ZPO und die Regelungsanordnung der einstweiligen Verfügung nach § 940 ZPO entspricht.

- Es gibt aber noch eine dritte Form der einstweiligen Anordnung, die **sog. Leistungsanordnung.** Sie unterscheidet sich von den beiden Anordnungstypen Sicherungs- und Regelungsanordnung dadurch, dass bei ihr der **Entscheidungsrahmen des Gerichts erweitert** wird. In engen Grenzen wird bei ihr nämlich die Vorwegnahme der Hauptsache zugelassen. Solche Ausnahmen werden in der Regel im Schul-, Hochschul- und Sozialhilferecht gemacht, wenn es sich um existenzielle Fragen handelt.

hemmer-Methode: Die nicht immer ganz leichte Abgrenzung von Sicherungs- und Regelungsanordnung wird von den Gerichten in der Regel nicht mehr vorgenommen und die einstweilige Anordnung nur auf § 123 I VwGO gestützt. Dies ist möglich, weil die beiden Anordnungen im Grunde die gleichen Voraussetzungen haben. In der Klausur sollten Sie diese Abgrenzung jedoch vornehmen, da insbesondere Professoren darauf viel Wert legen.

Beachten Sie aber, dass eine Sicherungsanordnung immer auch als Regelungsanordnung ergehen kann. Die konkrete Gefährdung der Rechtsverwirklichung i.S.d. § 123 I S. 1 VwGO begründet zugleich ein streitiges Rechtsverhältnis i.S.d. § 123 I S. 2 VwGO, eine nach S. 1 erforderliche Zustandssicherung rechtfertigt auch die Notwendigkeit einer Regelung nach S. 2. Im Zweifel ist daher von dem allgemeineren Tatbestand der Regelungsanordnung auszugehen. Die Voraussetzungen der beiden Anordnungsmöglichkeiten sind im Wesentlichen gleich.

Sicherungsanordnung

Da die Sicherungsanordnung nach § 123 I S. 1 VwGO nur der Sicherung des status quo dient, kann das Gericht nur bestandsschützende Maßnahmen treffen.

Beamter A hat sich auf eine frei gewordene Beförderungsstelle beworben. Er ist der Ansicht, dass er aufgrund seiner Qualifikationen dafür am besten geeignet ist. Dennoch soll die Beamtin B die Stelle erhalten. Eine Ernennung ist aber noch nicht erfolgt. A sieht seine Aufstiegschancen sinken und stellt daher beim Gericht einen Eilantrag, um die Ernennung der B jedenfalls vorläufig zu verhindern.

Ist dieser Antrag zulässig?

Zulässigkeit des Antrags:

I. Verwaltungsrechtsweg (+)

II. Statthaftigkeit

1. Fraglich ist, ob der Antrag des A nach § 123 I VwGO statthaft ist. Die Abgrenzung zu § 80 V VwGO richtet sich nach § 123 V VwGO. Hier müsste A in der Hauptsache eine Verpflichtungsklage auf Ernennung und zusätzlich eine vorbeugende Unterlassungsklage gegen die Ernennung der B erheben, sodass eine Anfechtungsklage und damit § 80 V VwGO ausscheidet. Der vorläufige Rechtsschutz richtet sich also nach § 123 I VwGO.

2. Es stellt sich aber die Frage, ob § 123 I S. 1 oder § 123 I S. 2 VwGO einschlägig ist. A möchte erreichen, dass B vorläufig nicht die Beförderungsstelle bekommt, denn dann würde er wegen des Grundsatzes der Ämterstabilität keine, zumindest aber schlechtere Chance mehr haben, die Stelle zu bekommen. Zwar hat die Rechtsprechung mittlerweile klargestellt, dass eine Beamtenernennung, die unter Verletzung von Konkurrentenrechten erfolgt, aufgehoben werden kann und damit den Grundsatz der Ämterstabilität eingeschränkt. Dies ändert aber nichts daran, dass sich faktisch die Aussichten A mit Ernennung der B deutlich verschlechtern. Damit geht es ihm um die Sicherung eines Rechtszustandes vor einer Veränderung, nämlich der Ernennung der Konkurrentin, die die Verwirklichung seines Antrags auf Ernennung vereiteln würde. Es reicht A also aus, wenn der derzeitige Status gesichert wird, eine weitergehende Regelung erstrebt er nicht. Das bedeutet, dass eine einstweilige Anordnung nach § 123 I S. 1 VwGO statthaft ist.

III. Antragsbefugnis

Da auch im vorläufigen Rechtsschutz die Möglichkeit einer Popularklage ausgeschlossen ist, muss der Antragsteller antragsbefugt sein, § 42 II VwGO analog. A ist antragsbefugt, wenn er Tatsachen vorträgt, die die Möglichkeit eines Anordnungsgrunds und eines Anordnungsanspruchs als nicht ausgeschlossen erscheinen lassen.

1. Möglichkeit des Anordnungsanspruchs: A müsste geltend gemacht haben, dass die Veränderung eines bestehenden Zustands möglich ist. Hier soll B die Stelle erhalten, sodass eine Ernennung des A unmöglich würde, obwohl unter Umständen A einen Anspruch auf Beförderung hat.

2. Möglichkeit des Anordnungsgrunds: A müsste zudem Tatsachen vortragen, aus denen sich ergibt, dass ohne die Anordnung eine Rechtsverwirklichung gefährdet ist, also Eilbedürftigkeit besteht. Da die Ernennung der B unmittelbar bevorsteht, ist A antragsbefugt.

Da auch alle weiteren Voraussetzungen erfüllt sind, ist der Antrag des A zulässig.

hemmer-Methode: Bei der Sicherungsanordnung steht der vorläufige Rechtsschutz in Bezug auf Unterlassungsansprüche im Vordergrund, da ein bestehender Zustand gesichert werden soll.

Der Begriff des Rechtsverhältnisses in § 123 I S. 2 VwGO ist derselbe wie in § 43 VwGO. Er bezeichnet eine rechtliche Beziehung, die sich aus einem konkreten Sachverhalt aufgrund öffentlich-rechtlicher Normen zwischen den Verfahrensbeteiligten ergibt.

G beantragt eine Gaststättenerlaubnis nach einem neu erlassenen Gaststättengesetz. Die Erlaubnis wird ihm versagt, weil in dem Gesetz die Erteilung der Erlaubnis an das Vorliegen eines Bedürfnisses für die Errichtung eine Gaststätte gebunden ist. G ist der Ansicht, dass das Gesetz gegen Art. 12 GG verstößt. Er beantragt daraufhin eine einstweilige Anordnung, in der ihm bis zur Entscheidung in der Hauptsache vorläufig die Erlaubnis erteilt wird. Es ist davon auszugehen, dass die Bedürfnisklausel tatsächlich verfassungswidrig ist.

Ist dieser Antrag zulässig?

I. Verwaltungsrechtsweg (+)

II. Statthaftigkeit: In der Hauptsache wäre eine Verpflichtungsklage auf Erteilung einer Gaststättenerlaubnis nach § 2 I S. 1 GastG die richtige Klageart, sodass sich nach § 123 V VwGO der vorläufige Rechtsschutz nach § 123 I VwGO richtet. Fraglich ist aber, ob § 123 I S. 1 VwGO oder § 123 I S. 2 VwGO einschlägig ist. G möchte, dass ihm die Gaststättenerlaubnis, die ihm bislang verweigert wurde, vorläufig erteilt wird, sodass es nicht ausreicht, wenn das Gericht den bestehenden Zustand sichert. Das Gericht soll vielmehr eine Erweiterung der Rechtsposition des G schaffen, indem sie die Erlaubnis vorläufig bis zur Entscheidung in der Hauptsache erteilt. Mithin kommt hier nur eine Regelungsanordnung nach § 123 I S. 2 VwGO in Betracht.

III. Antragsbefugnis, § 42 II VwGO analog

1. Möglichkeit des Anordnungsanspruchs: G müsste Tatsachen vortragen, die das Bestehen eines ihm zustehenden Rechts möglich erscheinen lassen, er müsste also einen möglichen Anspruch in der Hauptsache geltend machen können. Die Bedürfnisklausel in dem neuen Gaststättengesetz könnte gegen den in § 1 I GewO i.V.m. Art. 12 GG verankerten Grundsatz der Gewerbefreiheit verstoßen. Das bedeutet, dass G einen Anspruch auf Erteilung der Genehmigung unabhängig von der Bedürfnisklausel haben kann. (Zur Frage, ob das Gericht in einem Verfahren nach § 123 VwGO ein formelles Gesetz unangewendet lassen darf oder ob das Verfahren nach Art. 100 I GG beschritten werden muss, vgl. KK 56.)

2. Möglichkeit des Anordnungsgrunds: G müsste weiterhin Tatsachen vortragen, aus denen sich der Eintritt wesentlicher Nachteile, drohender Gewalt oder anderer Gründe als möglich ergibt. Sollte G bis zur Entscheidung in der Hauptsache warten, hat er unter Umständen erhebliche finanzielle Einbußen hinzunehmen, sodass die Möglichkeit des Eintritts wesentlicher Nachteile besteht.

IV. Rechtsschutzbedürfnis: G könnte eine unzulässige Vorwegnahme der Hauptsache beantragt haben. Umstritten ist, ob das Verbot der Vorwegnahme der Hauptsache eine Frage der Zulässigkeit oder der Begründetheit ist. Nach überwiegender Ansicht handelt es sich um eine Frage des Umfangs der Entscheidung und damit der Begründetheit.

Da alle weiteren Zulässigkeitsvoraussetzungen erfüllt sind, ist der Antrag zulässig.

hemmer-Methode: Der Antrag ist aber unzulässig, wenn dem Antragsteller das allgemeine Rechtsschutzbedürfnis fehlt. Das ist z.B. der Fall, wenn er die Behörde noch nicht mit der Angelegenheit befasst hat oder wenn bereits eine rechtskräftige Entscheidung in der Hauptsache vorliegt. Dagegen entfällt es nicht, wenn das Verfahren in der Hauptsache noch nicht anhängig ist. In der Begründetheit des Antrags wird eine entscheidende Rolle spielen, ob hier die Vorlagepflicht des Art. 100 I GG greift, dazu ausführlich Karteikarte 56.

Begründetheit des Antrags nach § 123 I S. 1 VwGO

Der Antrag auf Erlass einer einstweiligen Anordnung ist begründet, wenn der Antragsteller gemäß § 123 III VwGO i.V.m. §§ 920 II, 294 ZPO Anordnungsanspruch und Anordnungsgrund glaubhaft gemacht hat.

Wie prüfen Sie die Begründetheit eines Antrags auf Erlass einer Sicherungsanordnung?

Der Antrag auf Erlass einer Sicherungsanordnung nach § 123 I S. 1 VwGO ist begründet, wenn der Antragsteller gemäß § 123 III VwGO i.V.m. §§ 920 II, 294 ZPO Anordnungsanspruch und Anordnungsgrund glaubhaft gemacht hat. Das ist der Fall, wenn eine summarische Prüfung ergibt, dass der vom Antragsteller behauptete Anordnungsanspruch und der Anordnungsgrund auf glaubhaft gemachter Tatsachenbasis tatsächlich vorliegen:

1. Anordnungsanspruch: Ein Anordnungsanspruch ist gegeben, wenn der Antrag die Sicherung eines eigenen Rechts des Antragstellers betrifft. Dieses Recht ist identisch mit dem im Hauptsacheverfahren geltend zu machenden materiellen Anspruch wie etwa ein Unterlassungsanspruch. Der Anordnungsanspruch besteht jedenfalls dann, wenn die Klage in der Hauptsache Aussicht auf Erfolg hat.

2. Anordnungsgrund: Ein Anordnungsgrund ist nach § 123 I S. 1 VwGO gegeben, wenn die Gefahr besteht, dass durch eine Veränderung des bestehenden Zustands die Verwirklichung eines Rechts des Antragstellers vereitelt oder wesentlich erschwert werden könnte.

3. Glaubhafte Tatsachengrundlage: Anordnungsanspruch und -grund müssen nach § 123 III VwGO i.V.m. §§ 920 II, 294 ZPO glaubhaft gemacht worden sein. Glaubhaftmachen bedeutet einen geringeren Erkenntnisgrad i.S.d. Wahrscheinlichmachen, wozu sich der Antragsteller gemäß § 294 ZPO auch der eidesstattlichen Versicherung oder des parteibezogenen Zeugenbeweises bedienen kann.

4. Interessenabwägung: Sind Anordnungsanspruch und -grund glaubhaft gemacht, hat das Gericht eine Ermessensentscheidung sowohl hinsichtlich des „Ob" (str., a.A. Entschließungsermessen immer auf Null reduziert) als auch hinsichtlich des „Wie", also des Inhalts der Entscheidung zu treffen, innerhalb derer das Gericht alle betroffenen öffentlichen und privaten Interessen abzuwägen hat. Z.T. wird erst hier – und nicht bereits beim Anordnungsanspruch – geprüft, ob die Hauptsache Aussicht auf Erfolg hat.

5. Einschränkungen des Entscheidungsspielraums: Die einstweilige Anordnung darf grundsätzlich nicht mehr gewähren als durch die Hauptsacheklage erreicht werden kann (besonders zu beachten bei einem Bescheidungsurteil nach § 113 V S. 2 VwGO) und es darf keine Vorwegnahme der Hauptsache erfolgen.

hemmer-Methode: In der Klausur liegt der Schwerpunkt auf der Prüfung der Rechtslage. Fragen der Glaubhaftmachung spielen zumindest im Ersten Examen regelmäßig keine Rolle.

Begründetheit eines Antrags nach § 123 I S. 2 VwGO

Die Begründetheit der Regelungsanordnung unterliegt grundsätzlich den gleichen Voraussetzungen wie die der Sicherungsanordnung.

B hat die Erteilung einer baurechtlichen Genehmigung bei der zuständigen Behörde beantragt. Gleichzeitig hat er einen Eilantrag an das Verwaltungsgericht gestellt, ihm im Wege einer einstweiligen Anordnung die Erteilung der Genehmigung zu gewähren.

Ist dieser zulässige Antrag begründet?

(Es ist davon auszugehen, dass grundsätzlich alle Voraussetzungen für die Erteilung der Genehmigung gegeben sind.)

Begründetheit:

Der Antrag des B ist begründet, wenn B gemäß § 123 III VwGO i.V.m. §§ 290 II, 294 ZPO den Anordnungsanspruch und den Anordnungsgrund glaubhaft gemacht hat.

1. Anordnungsanspruch

Der Anordnungsanspruch setzt ein streitiges Rechtsverhältnis voraus, aus dem der Antragsteller eigene Rechte ableiten kann. Hier entstand durch den abgelehnten Antrag des B ein Rechtsverhältnis, aus dem B auch eigene Rechte ableiten kann.

2. Anordnungsgrund

Ein Anordnungsgrund liegt vor, wenn eine vorläufige Regelung zur Abwendung wesentlicher Nachteile nötig erscheint, § 123 I S. 2 VwGO. Nach h.M. richtet sich diese Notwendigkeit nach den Erfolgsaussichten der Hauptsache. (Nach a.A. sind die Erfolgsaussichten auch hier im Rahmen des Anordnungsanspruchs zu prüfen.) Hier ist die Klage des B offensichtlich zulässig und begründet, da laut Sachverhalt alle Voraussetzungen für die Erteilung der Baugenehmigung gegeben sind. Somit liegt auch ein Anordnungsgrund vor.

3. B müsste Anordnungsanspruch- und grund auch glaubhaft machen können.

4. Verbot der Vorwegnahme der Hauptsache

Das Gericht kann grundsätzlich nur vorläufige Regelungen treffen und darf dem Antragsteller nicht schon in vollem Umfang Befriedigung gewähren, es darf also die Hauptsache nicht schon vorwegnehmen.

Hier möchte B die Baugenehmigung im vorläufigen Rechtsschutzverfahren bekommen. Das würde aber bedeuten, dass B mit seinem Bauvorhaben beginnen könnte, obwohl ihm dies in der Hauptsache noch nicht erlaubt wurde. Mit der einstweiligen Anordnung würde also nicht nur eine Übergangsregelung bis zur endgültigen Entscheidung in der Hauptsache getroffen werden, sondern die Hauptsache vorweggenommen werden. Dies ist aber grundsätzlich nicht erlaubt, wenn nicht dem Antragsteller schwere, irreversible Nachteile drohen.

Somit ist Antrag des B unbegründet.

hemmer-Methode: Die Entscheidung über die einstweilige Anordnung ergeht gemäß § 123 IV VwGO als Beschluss.

Nach § 123 III VwGO i.V.m. § 945 ZPO ist derjenige, der eine einstweilige Anordnung erwirkt hat, verpflichtet, dem Antragsgegner den durch die Vollziehung entstandenen Schaden unabhängig vom Verschulden zu ersetzen, wenn sich die Anordnung als von Anfang an ungerechtfertigt erwiesen hat oder wenn die Anordnung unabhängig von der materiellen Rechtslage aufgehoben wird, weil der Antragsteller nicht fristgemäß Klage in der Hauptsache erhoben hat.

Nachbar N erwirkt eine von Anfang an ungerechtfertigte einstweilige Verfügung, durch die der Behörde vorläufig untersagt wird, dem Bauherrn B eine Baugenehmigung zu erteilen. N unterliegt im Hauptsacheverfahren. Aufgrund des sich verzögernden Baubeginns erleidet B wegen erheblich gestiegener Baupreise einen Schaden i.H.v. 80.000,- €.

Kann B von N Schadensersatz verlangen?

B könnte gegen N einen Anspruch auf Schadensersatz aus § 123 III VwGO i.V.m. § 945 ZPO haben. Danach ist derjenige, der eine einstweilige Anordnung erwirkt hat, verpflichtet, dem Antragsgegner den durch die Vollziehung der Anordnung entstandenen Schaden zu ersetzen, wenn sich die Anordnung als von Anfang an ungerechtfertigt erwiesen hat. Hier hat sich die Anordnung als unbegründet erwiesen, sodass grundsätzlich der Schaden zu ersetzen ist.

Problematisch ist allerdings, dass sich der Anspruch auf den formalen Anspruchsgegner bezieht. Das ist hier der Rechtsträger der Baubehörde, denn dieser wurde durch die Anordnung untersagt, die Baugenehmigung zu erlassen. Der Behörde ist allerdings kein Schaden entstanden.

- Nach einer Ansicht ergibt sich aus dem **Wortlaut des § 945 ZPO, dass Schadensersatzansprüche nur im Verhältnis von Antragsgegner und Antragsteller entstehen können.** Andernfalls ergebe sich ein Wertungswiderspruch zu § 80 V VwGO: Wenn N den Erlass der Baugenehmigung abgewartet hätte und gegen die Baugenehmigung über §§ 80 I, V VwGO vorgegangen wäre, entstünden ihm keine Schadensersatzpflichten. Deshalb sei es systemwidrig, B den Anspruch einzuräumen, wenn N vor Erlass der Genehmigung nach § 123 I VwGO vorgegangen ist.
- Nach anderer Ansicht hat außer dem Antragsgegner **auch der von der einstweiligen Anordnung betroffene Dritte einen Anspruch aus § 945 ZPO, wenn die Voraussetzungen der notwendigen Beiladung i.S.d. § 65 II VwGO bei ihm vorgelegen hätten**. Da seine Bauabsichten durch den Antragsteller unterbunden würden, sei er materiell Gegner im Verfahren.

Diese Ansicht überzeugt deshalb, weil aus der Sicht des N *kein* Grund besteht, zwischen formalem und materiellem Verfahrensgegner zu differenzieren. Beantragt er eine einstweilige Anordnung, muss er damit rechnen, dass er schadensersatzpflichtig wird. N ist insoweit auch weniger schutzwürdig als bei § 80 V VwGO, als er selbst aktiv tätig wird. Damit kann B seinen Anspruch auch gegen N richten**. N muss somit den Schaden i.H.v. 80.000,- € ersetzen.**

hemmer-Methode: Der Anspruch nach § 945 ZPO ist nach h.M. im Zivilrechtsweg geltend zu machen.

Nach § 47 VI VwGO kann das Gericht auf Antrag eine einstweilige Anordnung auch im Normenkontrollverfahren nach § 47 VwGO erlassen, wenn dies zur Abwehr schwerer Nachteile oder aus anderen wichtigen Gründen dringend geboten ist.

W wohnt in einem reinen Wohngebiet, in dessen unmittelbarer Nachbarschaft durch einen gerade in Kraft getretenen Bebauungsplan ein Industriegebiet ausgewiesen wird. Inzwischen wurden viele Bauanträge für eine gewerbliche Nutzung des Industriegebiets gestellt. W fragt, ob er schon vor Stellung eines Normenkontrollantrags gem. § 47 I Nr. 1 VwGO im Wege einer einstweiligen Anordnung nach § 47 VI VwGO eine generelle Aussetzung des Vollzugs des Bebauungsplans bis zur Entscheidung des noch zu stellenden Normenkontrollantrag verlangen kann?

Ist dieser Antrag zulässig und begründet?

I. Wie bei § 47 I VwGO entscheidet das Gericht nur i.R. seiner Gerichtsbarkeit, sodass der **Verwaltungsrechtsweg** eröffnet sein muss. Hier geht es um Fragen des Baurechts, sodass dies der Fall ist.

II. Zulässigkeit des Antrags

1. Statthaftigkeit: Statthaft ist der Antrag nach § 47 VI VwGO, wenn in der Hauptsache die Normenkontrolle nach § 47 I VwGO statthaft ist. Im vorliegenden Fall wendet sich W gegen den Bebauungsplan, der gemäß § 10 BauGB als Satzung ergeht. Nach § 47 I Nr. 1 VwGO kann er also Gegenstand einer Normenkontrolle sein. Wie bei einem Antrag nach § 123 VwGO ist auch bei einem Antrag nach § 47 VI VwGO nicht erforderlich, dass zuvor ein Normenkontrollantrag in der Hauptsache gestellt wurde. Somit ist der Antrag des W grundsätzlich statthaft.

2. Antragsbefugnis:

- Gegenwärtige oder künftige Rechtsverletzung: Der Antragsteller muss geltend machen, durch die Rechtsvorschrift oder deren Anwendung in seinen Rechten verletzt zu sein oder in absehbarer Zeit verletzt zu werden. Insoweit deckt sie sich mit § 47 II VwGO. Hier kann nicht ausgeschlossen werden, dass W durch den Plan in seinen Rechten verletzt ist.
- Anordnungsgrund: Zudem muss W die Eilbedürftigkeit der Anordnung geltend machen. Es besteht die Möglichkeit, dass sein Anliegen durch die Erteilung der Baugenehmigungen faktisch unmöglich wird, wenn der Bebauungsplan weiterhin in Kraft bleibt.

3. Zuständig ist das Gericht der Hauptsache, also das OVG, § 47 I VwGO.

III. Begründetheit des Antrags:

Der Antrag ist begründet, wenn der Erlass der einstweiligen Anordnung zur Abwehr schwerer Nachteile oder aus anderen wichtigen Gründen dringend geboten ist. Hier gilt also ein strengerer Maßstab als bei § 123 I VwGO. Es ist eine Interessenabwägung vorzunehmen zwischen den Folgen, die eintreten, wenn die Anordnung nicht erginge, das Normenkontrollverfahren aber Erfolg hat und umgekehrt. Hierbei sind wieder die Erfolgsaussichten des Hauptsacherechtsbehelfs zu berücksichtigen. Da der Bebauungsplan wegen Verstoßes gegen § 1 VI, VII BauGB offensichtlich rechtswidrig ist und zudem die Gefahr besteht, dass durch die Erteilung der Genehmigungen irreparable Tatsachen geschaffen werden, **ist der zulässige Normenkontrollantrag offensichtlich begründet.**

hemmer-Methode: Die Entscheidung des OVGs ergeht als Beschluss, § 123 IV VwGO analog. Dieser ist allerdings nicht mit Rechtsmitteln anfechtbar (e contrario § 146 VwGO).

Vorlagepflicht nach Art. 100 GG im Eilverfahren

Es ist umstritten, ob die Vorlagepflicht nach Art. 100 GG (konkrete Normenkontrolle) auch in Verfahren des vorläufigen Rechtsschutzes gilt, wenn das Gericht die Verfassungswidrigkeit eines der Eilentscheidung zugrundeliegenden formellen nachkonstitutionellen Gesetzes bejaht.

A hat Antrag auf vorläufigen Rechtsschutz gestellt. Das Gericht kommt während des Verfahrens zu der Überzeugung, dass das anzuwendende nachkonstitutionelle Gesetz gegen die Verfassung verstößt.

Muss es das Gesetz nach Art. 100 GG dem BVerfG vorlegen?

Ansatzpunkt für die Beantwortung dieser Frage ist der Konflikt zwischen Art. 19 IV GG und Art. 100 GG.

- Würde das Gericht das Verfahren nach Art. 100 GG aussetzen und dem BVerfG zur Entscheidung vorlegen, würde es angesichts des langwierigen verfassungsgerichtlichen Normenkontrollverfahrens zu einer erheblichen Beeinträchtigung der Effektivität des Rechtsschutzes gegenüber der Exekutive kommen. Dieser Effektivitätsverlust kann auch nicht durch einen Eilantrag an das BVerfG gemäß § 32 BVerfGG ausgeglichen werden, da der Antragsteller nach §§ 80 V, 123 I VwGO nicht Beteiligter des Verfahrens nach Art. 100 GG ist.

- Wegen Art. 19 IV GG ist daher davon auszugehen, dass grundsätzlich keine Vorlagepflicht im Eilverfahren besteht. Dafür spricht auch, dass erhebliche Zweifel an der Verfassungsmäßigkeit des Gesetzes und damit auch des Vollzugsaktes i.R.d. § 80 V VwGO die Aussetzung rechtfertigen bzw. i.R.d. § 123 I VwGO mangels Anordnungsanspruchs den Erlass nicht rechtfertigen, Art. 100 GG hier aber schon tatbestandlich nicht anwendbar ist.

- Das BVerfG geht allerdings von einer Anwendung des Art. 100 GG aus, wenn durch die vorläufige Nichtanwendung des Gesetzes die Hauptsache vorweggenommen wird.

Somit braucht das Gericht im Fall das Verfahren nicht auszusetzen und das Gesetz dem BVerfG vorzulegen.

hemmer-Methode: Das gleiche Problem stellt sich i.R. der Vorlagepflichten zum EuGH nach Art. 267 AEUV. Auch dort wird man grundsätzlich sagen, dass der Zeitverlust gegen eine Vorlagepflicht im Eilverfahren spricht, es sei denn, dass durch die Nichtanwendung des Gesetzes die Hauptsache vorweggenommen wird. Allerdings postuliert der EuGH eine Vorlagepflicht, wenn das nationale Gericht eine EU-VO inzident verwerfen will und bspw. den sofortigen Vollzug eines darauf beruhenden VAs aussetzen will. Jedoch darf das Gericht zunächst die Entscheidung nach § 80 V VwGO treffen und erst dann den EuGH anrufen.

III. Vorbeugender Rechtsschutz

Zulässigkeit vorbeugenden Rechtsschutzes

Vom vorläufigen Rechtsschutz ist der vorbeugende Rechtsschutz zu unterscheiden. Vorbeugende Klagen werden in einem Hauptsacheverfahren erhoben, um ein vorbeugendes, aber endgültiges Urteil zu erreichen.

1. **In welchem Verhältnis stehen vorbeugender und vorläufiger Rechtsschutz?**
2. **Welche Bedenken bestehen grundsätzlich gegen die Zulässigkeit eines vorbeugenden Rechtsschutzes im Verwaltungsrecht?**

1. Abgrenzung zum vorläufigen Rechtsschutz

- Vorbeugende Klagen werden in einem Hauptverfahren erhoben, um ein vorbeugendes, aber gleichwohl endgültiges Unterlassungs- oder Feststellungsurteil zu erreichen, das dem Träger hoheitlicher Gewalt etwas endgültig untersagt oder ihm gegenüber für unzulässig erklärt, bevor er überhaupt tätig geworden ist.
- Dagegen wird der vorläufige Rechtsschutz in der Regel in Form eines vorläufigen, also nur bis zum Ausgang des Hauptsacheverfahrens entscheidenden, Urteils gewährt. Er ist allerdings bereits eine Reaktion auf ein staatliches Tun oder gerade dessen Verweigerung.
- Die Abgrenzung der beiden Institute erfolgt nach dem besonderen Rechtsschutzinteresse im konkreten Fall. Einen generellen Vorrang des einen gegenüber dem anderen Institut gibt es nicht.
- Vorläufiger und vorbeugender Rechtsschutz stehen aber nicht in einem Alternativverhältnis. Auch vorläufiger vorbeugender Rechtsschutz ist denkbar, etwa in den auf Karteikarte 50 erwähnten Beamtenfällen, wenn also der Kläger eine vorbeugende Unterlassungsklage erhebt und bei dieser wegen der Eilbedürftigkeit einen Antrag auf Erlass einer einstweiligen Anordnung stellt.

2. Grundsätzliche Zulässigkeit des vorbeugenden Rechtsschutzes

Heute ist die Zulässigkeit eines vorbeugenden Rechtsschutzes im Unterschied zum („normalen“) repressiven Rechtsschutzes allgemein anerkannt, auch wenn dieser gesetzlich nicht ausdrücklich geregelt ist.

- Voraussetzung dafür ist allerdings, dass der Kläger ein entsprechend **qualifiziertes Rechtsschutzinteresse** geltend machen kann. Ein solches kann gegeben sein, wenn sonst vollendete, nicht ohne weiteres rückgängig zu machende Tatsachen geschaffen werden, wenn ein nicht mehr wiedergutzumachender Schaden entsteht oder wenn der Bürger sonst gegen eine Vielzahl zu erwartender VAe klagen müsste.
- Dieses spezielle Rechtsschutzbedürfnis kann **bei verschiedenen Klagearten** vorhanden sein. Eine allgemeine vorbeugende Klage gibt es nicht. Auch eine vorbeugende Gestaltungsklage ist nicht denkbar. In Betracht kommen vielmehr nur die vorbeugende Unterlassungsklage gegen schlicht-hoheitliches Handeln und gegen VAe, die vorbeugende Feststellungsklage und die vorbeugende Klage gegen untergesetzliche Rechtsnormen.

hemmer-Methode: Beachten Sie, dass auch Art. 19 IV GG grundsätzlich von repressivem Rechtsschutz ausgeht, sodass auch nach dieser Vorschrift vorbeugender Rechtsschutz die Ausnahme bleibt.

Die vorbeugende Unterlassungsklage ist ein Unterfall der Leistungsklage (vgl. dazu Hemmer/Wüst, VerwaltungsR II, Rn. 163 ff.). Sie ist denkbar gegen schlicht-hoheitliches Handeln oder gegen den drohenden Erlass eines VAs.

1. **In welchen Fallgruppen wird vorbeugender Rechtsschutz gegen VAe ausnahmsweise für zulässig erachtet?**

2. **A betreibt eine gut gehende Kneipe. Ihm werden regelmäßig durch Einzelverfügung und ganz kurzfristig von der zuständigen Behörde Ausnahmegenehmigungen erteilt, nach denen die Sperrstunde hinausgeschoben wird. Nachbar N ist darüber sehr verärgert, bemerkt dies aber jedesmal erst, wenn die Gäste noch spät in der Nacht feiern. Ist eine vorbeugende Unterlassungsklage zulässig?**

I. Ein besonderes, vorbeugenden Rechtsschutz rechtfertigendes, Rechtsschutzbedürfnis wird nur in eng umgrenzten Fallgruppen anerkannt, in denen repressiver Rechtsschutz Defizite aufweist. Als wichtigste Fallgruppen kommen in Betracht:

1. vorbeugende Unterlassungsklage gegen mit Strafe oder Geldbuße bewehrte VAe, da es dem Betroffenen nicht zumutbar ist, zuerst einen vermeintlichen Normverstoß zu begehen

2. vorbeugende Unterlassungsklage gegen VAe in Fällen regelmäßig eintretender, kurzfristiger Erledigung, da hier die Rechtswidrigkeit lediglich im Nachhinein festgestellt werden kann, eine wirksame Abwehr der Rechtsverletzung durch den Bürger über § 80 I VwGO also nicht möglich ist

3. vorbeugende Unterlassungsklage gegen VAe, die vollendete Tatsachen schaffen; insbesondere die beamtenrechtliche Konkurrentenklage

II. Lösung des Falls:

1. Verwaltungsrechtsweg (+)

2. Zulässigkeit der Klage

a) Klageart: Leistungsklage in Form der vorbeugenden Unterlassungsklage, da N erreichen will, dass die Behörde in Zukunft A keine Ausnahmegenehmigungen mehr erteilt

b) Klagebefugnis, § 42 II VwGO (+), möglicher Unterlassungsanspruch

c) Besonderes Rechtsschutzinteresse (+), da Fall der regelmäßig eintretenden, kurzfristigen Erledigung, N kommt mit einer Anfechtungsklage regelmäßig zu spät

d) Frist und Vorverfahren nicht erforderlich
e) sonstige Voraussetzungen (+) -> Klage zulässig

hemmer-Methode: Die vorbeugende Unterlassungsklage gegen schlicht-hoheitliches Handeln, insbesondere also gegen Realakte, ist insofern wichtig, als hier das Rechtsschutzbedürfnis des Bürgers besonders groß ist, da er keine Möglichkeit hat, die Schaffung vollendeter Tatsachen durch Einlegen eines Widerspruchs oder Anfechtungsklage vorläufig zu verhindern, § 80 I VwGO. Erforderlich ist allerdings, dass sich das bevorstehende Handeln schon in gewisser Weise konkretisiert hat.

Die vorbeugende Feststellungsklage ist keine Klage auf Feststellung über das Bestehen oder Nichtbestehen eines zukünftigen Rechtsverhältnisses, da ein solches regelmäßig noch zu unbestimmt ist, um Gegenstand einer Feststellungsklage zu sein. Vielmehr geht es um Feststellungen im Zusammenhang mit einem bestehenden, konkreten Rechtsverhältnis, die sich aber auf drohende zukünftige Verwaltungsmaßnahmen beziehen.

A baut sich gerade ein Haus. Die Bauaufsichtsbehörde droht ihm an, den Weiterbau zu verbieten. Kann A auf Feststellung klagen, dass die Behörde zu einem solchen Verbot nicht befugt ist?

Hier kommt eine **vorbeugende Feststellungsklage** in Betracht, da durch den Streit über die Befugnis zum Erlass des Verbots ein Rechtsverhältnis begründet wurde.

- Im Hinblick auf den Vorrang des repressiven Rechtsschutzes durch die Anfechtungsklage, der in § 43 II S. 1 VwGO verankert ist, ist eine vorbeugende Feststellungsklage, mit der die Nichtberechtigung einer Behörde zum Erlass eines VAs, hier also des Bauverbots, festgestellt werden soll, aber grundsätzlich unzulässig. Der eigentliche Grund ist dabei, dass der repressive Rechtsschutz aufgrund des Suspensiveffekts von Anfechtungsklage und Widerspruch nach § 80 I VwGO besonders effektiv ausgestaltet ist, sodass kein Bedürfnis nach einem präventiven Rechtsschutz besteht.

- Selbst wenn man davon ausginge, A sei die Verweisung auf die Möglichkeit eines repressiven Rechtsschutzes unzumutbar, was jedoch auch im Hinblick auf die Möglichkeit des vorläufigen Rechtsschutzes nicht der Fall ist, würde die vorbeugende Unterlassungsklage gegen den Erlass des Bauverbots nach § 43 II S. 1 VwGO die vorbeugende Feststellungsklage ausschließen.

hemmer-Methode: Die vorbeugende Feststellungsklage ist aber in den Fällen zulässig, in denen sie das Rechtsschutzziel besser erreichen kann als eine Leistungsklage. Dies ist immer dann der Fall, wenn es um die Feststellung eines bestimmten Rechtsstatus (z.B. Beamtenstatus) bzw. einer bestimmten Rechtspflicht (z.B. Genehmigungs- oder Leistungspflicht) geht, welche ihrerseits Voraussetzung für viele unterschiedliche Ansprüche und Rechte sind.

Im Zivilprozessrecht findet sich eine vergleichbare Interessenkonstellation: Bei Dauerschuldverhältnissen (z.B. im Arbeits- oder Mietrecht) wird ebenfalls eine Feststellungsklage zugelassen, da die Feststellung des Bestehens des Dauerschuldverhältnisses weitergehenden Rechtsschutz vermittelt als eine (monatlich von neuem erforderliche) Leistungsklage auf Zahlung von Arbeitslohn und Miete.

Vorbeugender Rechtsschutz gegen Normen

I.R.d. vorbeugenden Rechtsschutzes stellt sich die Frage, ob dieser auch gegen untergesetzliche Rechtsnormen möglich ist, da die gesetzlich geregelten Fälle stets eine schon vorhandene Rechtsnorm voraussetzen. Akut wird dieses Problem, wenn eine zukünftige Norm schon rechtlich oder tatsächlich irgendwelche Veränderungen herbeiführt.

Der Gemeinderat der Gemeinde G beschließt die Aufstellung eines Bebauungsplans für das Gebiet des sog. Lerchenwaldes, da das Bauland im Gemeindegebiet knapp wird. An den Wald grenzt ein reines Wohngebiet, das bereits zur Nachbargemeinde N gehört. Der Entwurf sieht vor, dass dort ein Mischgebiet entsteht. Dagegen bringt N vor, dass dies zu erheblichen Immissionsbelastungen führen werde. Der Gemeinderat weist die Bedenken zurück und beschließt den Bebauungsplan als Satzung. Eine Bekanntmachung ist bislang noch nicht erfolgt. Es sind aber bereits Bauanträge gestellt worden.

Kann N einen vorbeugenden Normenkontrollantrag stellen?

Vorbeugende Normenkontrolle:

N könnte als juristische Person des öffentlichen Rechts einen Antrag auf Normenkontrolle durch das OVG nach § 47 I Nr. 1 VwGO stellen. Gegenstand wäre eine bauplanungsrechtliche Satzung, auf deren Grundlage VAe ergehen können, die im Verwaltungsrechtsweg anfechtbar wären. Allerdings ist zum gegenwärtigen Zeitpunkt die Voraussetzung des Normerlasses noch nicht gegeben. Somit stellt sich die Frage, ob eine vorbeugende Normenkontrolle zulässig ist.

- Aufgrund der vorliegenden Planreife i.S.d. § 33 BauGB droht der Erlass einer Vielzahl von einzelnen Baugenehmigungen, gegen die N einzeln per Anfechtungswiderspruch und -klage vorgehen müsste. Der Gesichtspunkt des effektiven Rechtsschutzes aus Art. 19 IV GG könnte also für die Zulässigkeit einer vorbeugenden Normenkontrolle sprechen.
- Dagegen spricht aber der klare Wortlaut des § 47 I VwGO, sodass nur eine analoge Anwendung des § 47 VwGO in Betracht kommt. Diese hängt davon ab, ob diese Regelungslücke planwidrig war, ob also eine ähnliche Interessenlage wie im gesetzlich geregelten Fall besteht.
- Die prinzipale Normenkontrolle nach § 47 I VwGO dient vor allem der objektiven Rechtskontrolle, während Art. 19 IV GG subjektiven Rechtsschutz garantiert. Also lässt sich aus der Interessenlage nicht notwendig ein Recht auf effektiven Rechtsschutz durch die Normenkontrolle ableiten. Den Erfordernissen des Art. 19 IV GG ist vielmehr genüge getan, wenn eine inzidente Normenkontrolle durch eine andere Klageart zur Verfügung steht.
- Zudem spricht gegen die analoge Anwendung des § 47 I VwGO der Grundsatz der Gewaltenteilung, der den Gerichten verbietet, in den Gestaltungsspielraum des Normgebers bereits während des Normsetzungsverfahrens einzugreifen, Art. 20 II S. 2 GG.

Somit kann N keinen vorbeugenden Normenkontrollantrag stellen.

hemmer-Methode: Der Fall beruht auf der sog. Krabbenkamp-Entscheidung des BVerwG (E 40, 323 ff.), von der Sie schon einmal gehört haben sollten.

Das BVerwG hat in der Krabbenkamp-Entscheidung aber nicht nur die Möglichkeit einer vorbeugenden Normenkontrolle geprüft, sondern auch eine vorbeugende Feststellungs- oder Unterlassungsklage in Erwägung gezogen.

Vorheriger Fall: Hat eine vorbeugende Feststellungs- oder Unterlassungsklage der N Aussicht auf Erfolg?

1. Zulässigkeit: Klagebegehren der N ist, dass der Bebauungsplan nicht mit diesem Inhalt in Kraft tritt. Dies kann nur im Wege des vorbeugenden Rechtsschutzes erreicht werden.

- Zu denken ist dabei immer an die **Leistungsklage in Form der Unterlassungsklage** und an die **allgemeine Feststellungsklage.** Nach Ansicht des BVerwG dient die Subsidiaritätsklausel des § 43 II VwGO v.a. dazu, der Umgehung der Sonderregelung der Anfechtungs- und Verpflichtungsklage vorzubeugen, greift also hier nicht ein. Das Feststellungsurteil ist jedoch nicht vollstreckbar, sodass die Unterlassungsklage das Rechtsschutzziel besser ausschöpft. Soweit man der Ansicht folgt, dass von einem Hoheitsträger erwartet werden kann, er werde sich auch einem Feststellungsurteil beugen, sodass dies keinen geringeren Rechtsschutz bietet, kann man natürlich auch eine Feststellungsklage annehmen, wie das BVerwG im Ausgangsbeispiel. Hierfür spricht, dass dies der geringere Eingriff in die Rechte des Normgebers darstellt.
- N kann ein **besonderes Rechtsschutzbedürfnis** als Voraussetzung des vorbeugenden Rechtsschutzes vorweisen, da angesichts des drohenden Vollzugs des planreifen Bebauungsplans der repressive Rechtsschutz durch Anfechtungsklagen bzw. durch eine Normenkontrolle nicht mehr effizient ist. Es besteht die Gefahr, dass vollendete Tatsachen geschaffen werden. Ein Zuwarten ist der N daher nicht mehr zumutbar. Zudem ist fraglich, ob N überhaupt erfolgreich gegen alle einzelnen Baugenehmigungen vorgehen könnte, da sie zwar die mögliche Verletzung des gemeindlichen Abstimmungsgebots geltend machen kann, es aber fraglich erscheint, ob die Missachtung dieses Rechts auf die einzelnen Baugenehmigungen durchschlägt. Regelmäßig wirken nicht das einzelne Haus, sondern erst die Gesamtheit der Häuser und damit die Verwirklichung des Gesamtplans auf die Planungshoheit der N ein.
- Problematisch ist allerdings das **allgemeine Rechtsschutzbedürfnis**. Das Leistungs- (wie auch das Feststellungs-) Urteil wirkt nur inter partes. Das LRA als Baugenehmigungsbehörde ist jedoch nicht am Streit beteiligt. Hier muss man davon ausgehen, dass diese neutrale Behörde den Richterspruch berücksichtigen wird bzw. selbst die Rechtswidrigkeit i.R. ihrer Prüfung erkennen wird.
- Ein Unterlassungsanspruch der N könnte sich aus der möglichen Verletzung des § 2 II BauGB ergeben. Eine **Klagebefugnis analog § 42 II VwGO** ist daher zu bejahen.

2. Begründetheit: Wegen der Verletzung des Planabstimmungsgebots, das gerade dem Schutz der Interessen der N dient, steht ihr ein Unterlassungsanspruch gegen G zu. **Die Klage ist begründet.**

hemmer-Methode: Das BVerwG hat seine Rspr. bisher nicht verallgemeinert, sondern eng auf Bebauungspläne als Planungsentscheidung beschränkt. Klagemöglichkeiten für Private hat es zwar nicht ausgeschlossen, aber bislang abgelehnt.

Die Rechtsmittel der VwGO sind die Berufung, die Revision und die Beschwerde. Rechtsmittel gehören zu den gerichtlichen Rechtsbehelfen. Sie sind gekennzeichnet durch Suspensiv- und Devolutiveffekt.

1. **Wie sind die Rechtsmittel im System der verwaltungsrechtlichen Rechtsbehelfe einzuordnen?**
2. **Was sind die besonderen Kennzeichen der Rechtsmittel?**

1. System der Rechtsbehelfe

a) außergerichtliche Rechtsbehelfe

- förmliche (z.B. Widerspruch)
- formlose (z.B. Petition)

b) gerichtliche Rechtsbehelfe

aa) sonstige gerichtliche Rechtsbehelfe

- ordentliche (z.B. Klage, Normenkontrolle)
- außerordentliche (z.B. Wiederaufnahme, vorläufiger Rechtsschutz)

bb) Rechtsmittel

- Berufung, §§ 124 ff. VwGO
- Revision, §§ 132 ff. VwGO
- Beschwerde, §§ 146 ff. VwGO

2. Kennzeichen der Rechtsmittel

- Die besonderen Kennzeichen der Rechtsmittel sind Suspensiv- und Devolutiveffekt. Das bedeutet, dass mit der Einlegung des Rechtsmittels die Streitsache einerseits an eine höhere Instanz gebracht und deren Zuständigkeit begründet wird und andererseits der Eintritt der Rechtskraft der Entscheidung gehemmt wird.
- Weiterhin sind die Rechtsmittel durch das Verbot der Verböserung (reformatio in peius) gekennzeichnet. Das bedeutet, dass die Entscheidung im Rechtsmittelverfahren für den Rechtsmittelführer nicht schlechter ausfallen darf als im Ausgangsverfahren (Ausnahme: Anschlussrechtsmittel durch die Gegenpartei). Im Vergleich zum Ausgangsverfahren dürfen also weder zusätzliche Belastungen auferlegt noch bestehende Begünstigungen geschmälert werden. Sinn dieses Verbots ist, die Möglichkeit einer Rechtsmitteleinlegung nicht durch die Gefahr einer weiteren Verschlechterung faktisch auszuschließen.

hemmer-Methode: Gegenstand des Rechtsmittelverfahrens ist unmittelbar nur die vorangegangene gerichtliche Entscheidung, die unmittelbare Verwaltungsentscheidung wird also nur mittelbar überprüft.

Die Zulässigkeit einer Berufung ist nach § 124 I VwGO davon abhängig, dass sie entweder im Urteil durch das VG oder auf Antrag durch das OVG zugelassen wird. Soweit das VG nicht zulässt, muss deshalb vor der Prüfung der Berufung zunächst die Zulässigkeit und Begründetheit eines Zulassungsantrags festgestellt werden.

Erstellen Sie ein Prüfungsschema für die Frage nach den Erfolgsaussichten eines Berufungszulassungsantrags!

1. Zulässigkeit

a) berufungsfähige Entscheidung:

- Endurteile, § 107 VwGO
- Teilurteile, § 110 VwGO
- Zwischenurteile, §§ 109, 111VwGO
- Gerichtsbescheide eines VGs, § 84 II Nr. 1, 2 VwGO

b) Berufungsberechtigung, § 124 I VwGO: alle Beteiligten, § 63 VwGO

c) Antragsfrist, §124a IV S. 1 VwGO: innerhalb eines Monats nach Zustellung des Urteils (Frist läuft für jeden Beteiligten gesondert)

d) Form: schriftlich von einem RA oder sonstigen Vertretungsberechtigten bzw. Postulationsfähigen, § 125 I VwGO i.V.m. §§ 81, 67 IV S. 2 VwGO (Anwaltszwang)

- Einreichung beim VG, nicht beim OVG, § 124a IV S. 2 VwGO
- Bezeichnung des angefochtenen Urteils, § 124a IV S. 3 VwGO
- Begründung des Zulassungsantrags beim OVG, § 124a IV S. 4 VwGO, hierfür Zweimonatsfrist

e) Beschwer (bereits beim Zulassungsantrag zu prüfen, da es sinnlos ist, eine Berufung zuzulassen, die mangels Rechtsbetroffenheit des Rechtsmittelführers unzulässig ist)

f) Evtl. sonstige Voraussetzungen , z.B. Rechtsschutzbedürfnis; kein Ausschluss durch **Verzicht**

2. Begründetheit

Der Zulassungsantrag ist nach § 124a V S. 2 VwGO begründet, wenn ein Zulassungsgrund i.S.d. § 124 II VwGO dargelegt ist und vorliegt. Das ist der ausschließliche Prüfungsgegenstand des Zulassungsverfahrens. Die Rechtmäßigkeit der Entscheidung des VG ist außer im Fall des § 124 II Nr. 1 VwGO (und dort auch nur Frage nach offensichtlichen Fehlern) in diesem Verfahren nicht zu prüfen. Diese ist Gegenstand des eigentlichen Berufungsverfahrens.

hemmer-Methode: Es ist zu erwarten, dass in Zukunft auch einmal in einer Examensklausur nach den Erfolgsaussichten eines Zulassungsantrags gefragt wird, jedenfalls als Zusatz- oder Vorfrage, denn eine Prüfung der materiellen Rechtslage findet hier nicht statt. Diese ist erst Gegenstand des Berufungsverfahrens.

I.R.d. Zulassungsantrags stellt sich die Frage, ob gegen die angegriffene Entscheidung die Berufung überhaupt stattfinden kann. Nach § 124 I VwGO ist dies nur bei Endurteilen des VGs möglich. Das sind das Sachurteil, das Teilurteil nach § 110 VwGO und die Zwischenurteile nach §§ 109, 111 VwGO.

Verschaffen Sie sich einen Überblick über die in §§ 109 - 111 VwGO enthaltenen Sonderformen des Urteils!

Sonderformen des Urteils:

1. Das Zwischenurteil über die Zulässigkeit, § 109 VwGO

Das Gericht kann über die Zulässigkeit der Klage vorweg entscheiden, wenn diese streitig oder im Zweifel ist. Funktion dieses Zwischenurteils ist, dass das Gericht eine der Rechtskraft fähige Entscheidung herbeiführen kann, bevor es sich u.U. mit schwierigen Beweisaufnahmen zur Begründetheit befassen muss. Es kann über alle Sachurteilsvoraussetzungen entscheiden, also über die Zulässigkeit insgesamt oder nur über einzelne Voraussetzungen. Kommt das Gericht zu der Überzeugung, dass die Klage nicht zulässig ist, ergeht kein Zwischenurteil, sondern ein die Klage abweisendes Endurteil (Prozessurteil).

2. Das Teilurteil, § 110 VwGO

Bei teilbarem Streitgegenstand kann das Gericht über einen Teil vorweg entscheiden, wenn dieser entscheidungsreif ist. Zweck dieses Urteils ist, den restlichen Streit zu entlasten und einen schnelleren und effektiveren Rechtsschutz zu gewähren, soweit dies möglich ist. Typisches Beispiel für die Teilbarkeit des Streitgegenstandes sind die Fälle der objektiven Klagenhäufung nach § 44 VwGO.

3. Das Zwischenurteil über den Grund, § 111 VwGO

Ist bei einer Leistungsklage ein Anspruch sowohl nach dem Grund als auch nach der Höhe streitig, so kann das Gericht vorweg darüber entscheiden, ob der Anspruch überhaupt dem Grunde nach gegeben ist. Funktion dieser Regelung ist, eine rechtskräftige Entscheidung herbeizuführen, bevor in die oft sehr aufwendige Prüfung des genauen Umfangs eingestiegen wird.

hemmer-Methode: Beachten Sie, dass eine Berufung auch gegen einen Gerichtsbescheid eines VGs statthaft ist, da dieser als Urteile wirkt, § 84 III VwGO. Die Beteiligten haben die Wahl, ob sie die Zulassung der Berufung oder mündliche Verhandlung beantragen, § 84 II Nr. 1 VwGO.

Grundsatz der Meistbegünstigung

Es gibt Fälle, in denen das Gericht eine Entscheidung in der falschen Form trifft, sog. inkorrekte Entscheidung. In diesen Fällen stellt sich die Frage, welches Rechtsmittel gegen die Entscheidung gegeben ist.

K hat einen Antrag auf Erteilung einer Baugenehmigung gestellt, der aber von der Behörde abgelehnt wurde. Auch das Widerspruchsverfahren und die Klage vor dem VG blieben ohne Erfolg, da K aufgrund seiner Alkoholsucht für unzuverlässig gehalten wird. Das VG hat seine Klage durch Beschluss, der K am 15.09. zugestellt wurde, zurückgewiesen. Um sich gegen diese Entscheidung zu wehren, beantragt K, vertreten durch seinen Rechtsanwalt am 13.10. beim VG die Zulassung der Berufung.

Ist dieser Antrag zulässig?

1. Statthaftigkeit: Die Berufung müsste gegen die Entscheidung des VG statthaft sein. Grundsätzlich ist dies nur gegen die in § 124 I VwGO genannten Urteile der Fall. Hier hat das VG aber einen Beschluss gefällt. Da grundsätzlich das der äußeren Form der Entscheidung entsprechende Rechtsmittel gegeben ist, ist hier eigentlich die Beschwerde nach §§ 146 ff. VwGO das richtige Rechtsmittel.

Nach dem Grundsatz der Meistbegünstigung kann der Rechtsmittelführer aber neben dem formal statthaften Rechtsmittel auch das dem materiellen Inhalt der Entscheidung entsprechende Rechtsmittel einlegen. Der Beteiligte darf nämlich nach allgemeinen prozessrechtlichen Grundsätzen durch ein unrichtiges Verfahren des Gerichts keine Nachteile in seinen prozessualen Rechten erleiden.

Somit ist die Berufung gegen die Entscheidung des VG statthaft.

2. Antragsfrist: Der Antrag auf Zulassung der Berufung ist innerhalb eines Monats nach Zustellung des Urteils (bzw. hier des Beschlusses) bei dem VG, dessen Entscheidung angefochten wird, zu stellen, § 124a IV S. 1, 2 VwGO. Ein bei dem OVG gestellter Antrag wahrt die Frist nicht. **Die Einreichung des Antrags am 13.10. erfolgte innerhalb der Monatsfrist.**

3. Form: Der Antrag ist schriftlich (§ 125 I VwGO i.V.m. § 81 I VwGO) von einem zugelassenen Prozessvertreter (§ 67 IV S. 2 VwGO) einzureichen und er muss nach § 124a IV S. 3 VwGO das angefochtene Urteil bezeichnen. Zudem sind nach § 124a IV S. 4 VwGO die Gründe, auf die die Berufung gestützt wird, anzugeben. Diese Zulassungsgründe sind in § 124 II VwGO abschließend aufgeführt.

4. Beschwer: K müsste durch die Entscheidung beschwert sein, d.h. dass sie für ihn belastende Wirkung hat. Für K als Kläger reicht es aus, wenn er durch das angefochtene Urteil formell beschwert ist. Das ist der Fall, da ihm die beantragte Erteilung der Genehmigung versagt wurde, die Entscheidung des Gerichts also hinter seinem Antrag zurückgeblieben ist.

Ergebnis: Der Zulassungsantrag ist zulässig.

hemmer-Methode: Der Antrag des K ist begründet, wenn einer der in § 124 II VwGO genannten Zulassungsgründe vorliegt. Aus dem Sachverhalt ergeben sich insoweit keine Anhaltspunkte.

Rechtsmittelberechtigung

Berufungsberechtigt sind nach § 124 I VwGO nur die Beteiligten der 1. Instanz. Dies sind die in § 63 VwGO genannten Personen (Geltung des § 63 VwGO wegen § 125 VwGO!).

Nach § 63 Nr. 4 VwGO kann auch der Vertreter des öffentlichen Interesses (Völ, § 36 VwGO) Beteiligter des Verfahrens sein.

Das VG hat die Stadt S auf die Klage des A hin verpflichtet, diesem eine Baugenehmigung zu erteilen. Das Urteil wird A am 08.11., S am 06.11. durch Postzustellungsurkunde (PZU) zugestellt. Der Völ am VG, der sich bisher an diesem Verfahren nicht beteiligt hat und vom VG das Urteil am 10.11. zugestellt bekam, stellt am Mittwoch, dem 10.12., beim VG einen Antrag auf Zulassung der Berufung.

Ist der Antrag statthaft?

Statthaftigkeit des Antrags:

1. Fraglich ist, ob der Völ den Antrag auf Zulassung der Berufung stellen darf, obwohl er im bisherigen Verfahren von seiner Beteiligungsbefugnis (§ 63 Nr. 4 VwGO) keinen Gebrauch gemacht hat. Solange das Verfahren am für ihn zuständigen Gericht anhängig ist, kann er aber jederzeit diese Befugnis ausüben und sogar nach Ergehen einer Entscheidung ein Rechtsmittel einlegen. Letzteres ist aber nur möglich, wenn zumindest für einen Beteiligten die Rechtsmittelfrist noch nicht abgelaufen ist.

2. Es ist also zu prüfen, ob am 10.12., dem Tag, an dem der Völ den Antrag auf Zulassung der Berufung gestellt hat, für A oder für S die Rechtsmittelfrist noch lief. Hier erfolgte die Urteilszustellung nach § 116 I S. 3 VwGO an alle Beteiligten und richtet sich nach der ZPO (§ 56 II VwGO). Die Zustellung durch PZU wurde am 06.09 bzw. 08.09. bewirkt. Gemäß § 57 II VwGO i.V.m. § 222 I ZPO, § 187 I BGB begann die Ereignisfrist des § 124a IV VwGO für S am 07.11. und für A am 09. 11. zu laufen. Fristablauf war für beide der 08.12., da der 06.12. ein Samstag war (§ 188 II BGB, § 222 II ZPO). **Mit Ablauf des 08.12. war also die Rechtsmittelfrist für A und S abgelaufen, sodass der Zulassungsantrag des Völ am 10.12. verfristet war.**

3. Etwas anderes hätte sich nur dann ergeben können, wenn sich der Völ schon vorher am Verfahren beteiligt hätte. Dann wäre er Beteiligter des erstinstanzlichen Verfahrens gewesen, sodass mit der Zustellung an ihn eine eigene Rechtsmittelfrist in Gang gesetzt worden wäre. **Da dies nicht der Fall war, ist der Zulassungsantrag unzulässig.**

4. Sobald ein anderer Beteiligter als der Völ Berufung eingelegt hat, kann sich nur noch der Völ am OVG durch Anschlussberufung beteiligen, nicht mehr der Völ am VG.

hemmer-Methode: Beachten Sie, dass für den Völ eine Beschwer nicht erforderlich ist, da es seine Aufgabe ist, darauf hinzuwirken, dass sich das Recht durchsetzt und das Gemeinwohl keinen Schaden leidet.

Nach h.M. setzt die Zulässigkeit eines Rechtsmittels voraus, dass der Rechtsmittelführer durch die angefochtene Entscheidung beschwert ist, die Entscheidung also belastende Wirkung für ihn hat. Welche Qualität die Belastung haben muss, ist von der Stellung des Rechtsmittelführers im Verfahren abhängig.

Das Landratsamt (LRA) erteilt A eine Baugenehmigung, ohne das Einverständnis der Gemeinde nach § 36 BauGB eingeholt zu haben. Die Baugenehmigung verstößt zudem gegen die bauordnungsrechtlichen Abstandsflächen. Nachbar N erhebt Anfechtungsklage gegen die Genehmigung. Die Gemeinde wird beigeladen. Das VG weist die Klage als unbegründet zurück.

Sind N und die Gemeinde durch das Urteil beschwert?

Abwandlung: Der Klage wird stattgegeben und A stellt einen Antrag auf Zulassung der Berufung. Ist er beschwert?

1. N ist als Kläger formell beschwert, da die Entscheidung des V hinter seinem Antrag, die Baugenehmigung aufzuheben, zurückgeblieben ist.

2. Die Gemeinde ist Beigeladene. Bei ihr muss **materielle Beschwer** vorliegen, denn die Stellung als Beigeladener reicht nicht aus, um hieraus eine Befugnis zur Rechtsmitteleinlegung herzuleiten, da diese nichts darüber aussagt, ob das Urteil ihn belastet. Eine materielle Beschwer ist nach h.M. immer dann anzunehmen, wenn der Beigeladene in der gleichen Situation klagebefugt i.S.d. § 42 II VwGO wäre. Sie erfordert demnach eine materiell-rechtliche Betroffenheit. Hier wäre die Gemeinde wegen der Verletzung des § 36 BauGB selbst klagebefugt gewesen. **Sie ist insoweit auch materiell beschwert, da das VG die Verletzung ihrer Planungshoheit nicht berücksichtigt hat.** Die Missachtung der Abstandsflächen berührt sie dagegen nicht in ihren rechtlichen Interessen.

Abwandlung:

In der Abwandlung hat das VG der Klage des N stattgegeben. Anders als im Zivilprozessrecht lässt die h.M. auch für den Beklagten die formelle Beschwer genügen, **sodass die gegebene formelle Beschwer des A ausreicht.**

hemmer-Methode: Die Prüfung der Beschwer, die eigentlich eine Zulässigkeitsvoraussetzung der Berufung ist, erfolgt bereits i.R.d. Prüfung der Zulässigkeit des Zulassungsantrags, da es keinen Sinn machen würde, eine Berufung zuzulassen, die mangels Rechtsbetroffenheit des Rechtsmittelführers unzulässig ist.

Wird die Berufung vom OVG zugelassen (durch Beschluss, § 124a II S. 1VwGO), so wird das Antragsverfahren als Berufungsverfahren fortgesetzt. Der Einlegung einer Berufung bedarf es dann nicht mehr, § 124a V S. 5 VwGO.

Durch das Zulassungsverfahren sind einige Prüfungspunkte, die früher i.R.d. Zulässigkeit der Berufung zu prüfen waren, weggefallen, sodass nur noch spezielle Punkte zu prüfen sind.

Entwerfen Sie ein Schema für die Prüfung der Zulässigkeit und Begründetheit einer Berufung!

I. Zulässigkeit der Berufung

1. Statthaft gegen Urteile des VG wenn Zulassung durch das Verwaltungsgericht oder Berufungsgericht, § 124 I VwGO

2. Berufungsbegründungsfrist, § 124a VI S. 1 VwGO: Innerhalb eines Monats nach Zustellung des Zulassungsbeschlusses bzw. § 124a III VwGO innerhalb eines Monats nach Urteilszustellung, wenn das VG die Berufung bereits zulässt.

3. Form, § 124a VI S. 3, III S. 3 - 5 VwGO: Berufungsbegründung muss einen bestimmten Antrag und die einzelnen Berufungsgründe enthalten (bei Fehlen dieser Formalien ist Berufung unzulässig, § 124a III S. 5 VwGO)

4. Sonstige Zulässigkeitsvoraussetzungen, z.B. persönliche Sachurteilsvoraussetzungen; kein Verzicht auf Rechtsmittel; keine übereinstimmende Erledigterklärung der Beteiligten

II. Begründetheit der Berufung

Die Berufung ist begründet, wenn das erstinstanzliche Urteil unrichtig ist. Zu überprüfen sind die Zulässigkeit und die Begründetheit der Klage sowie die Rechtmäßigkeit des Verfahrens, § 128 VwGO.

1. Zulässigkeit der erstinstanzlichen Klage

Wegen § 17a V GVG prüft das OVG nicht mehr, ob der Verwaltungsrechtsweg gegeben ist und wegen § 83 S. 1 VwGO i.V.m. § 17a V GVG entfällt auch die Prüfung der sachlichen und örtlichen Zuständigkeit

2. Begründetheit der erstinstanzlichen Klage

„normale“ Prüfung; neue Beweismittel und Tatsachen sind zu berücksichtigen, §§ 128 S. 2, 128a VwGO, soweit sich aus dem Sachverhalt etwas diesbzgl. ergibt

3. Verfahrensmängel: Ein Verfahrensfehler ist ein Fehler, der den Weg zum Urteil oder die Art und Weise seines Erlasses betrifft im Gegensatz zum Fehler bei der Rechtsfindung, der den Inhalt des Urteils betrifft. Der Mangel ist nur beachtlich, wenn er wesentlich i.S.d. § 130 II Nr. 1 VwGO ist, also nicht auszuschließen ist, dass ohne ihn (aus der Sicht des VGs) das Urteil anders ausgefallen wäre. Grundsätzlich führt ein Verfahrensmangel aber nicht zur Begründetheit der Berufung. Der Fehler ist vielmehr in der 2. Instanz zu beheben und in der Sache zu entscheiden, § 130 I VwGO.

hemmer-Methode: Unterscheiden Sie genau zwischen den Berufungszulassungsgründen und den Berufungsgründen. Erstere ergeben sich aus § 124 II VwGO und sind ausschließlicher Prüfungspunkt i.R.d. Begründetheit des Zulassungsantrags. Letztere sind dagegen die Gründe, auf die der Rechtsmittelführer die Anfechtung der Gerichtsentscheidung stützt und werden erst bei der Prüfung der Berufung relevant.

Anschlussberufung

Nach § 129 VwGO darf das OVG das Urteil des VGs nur soweit ändern, als eine Änderung beantragt ist. Das bedeutet, dass eine reformatio in peius (r.i.p.) verboten ist. Um dem Rechtsmittelbeklagten, der keine Berufung eingelegt hat, die Möglichkeit zu geben, das Gericht vom Verbot der r.i.p. zu befreien, kann er sich gemäß § 127 VwGO der Berufung anschließen.

Kläger K hat vergeblich eine Gaststättenerlaubnis beantragt. Vor dem VG hat er ein obsiegendes Urteil errungen. Das Urteil wurde K und der beklagten Behörde B am 05.11. zugestellt. Am 05.12. stellt B beim VG einen Antrag auf Zulassung der Berufung, dem das OVG auch stattgibt. In der ersten mündlichen Verhandlung legt K Anschlussberufung ein. B nimmt daraufhin die Berufung zurück, § 126 I S. 1 VwGO.

Muss das Gericht nach der Rücknahme der Berufung durch B noch über die Anschlussberufung des K entscheiden?

1. Das Gericht entscheidet über die von K erhobene Anschlussberufung, wenn diese nach der Rücknahme der Berufung durch B als eigenständige Berufung fortgeführt werden kann. § 127 S. 1 VwGO gibt dem Berufungsbeklagten (K) die Möglichkeit, sich noch nachträglich an das Rechtsmittel des Berufungsklägers „anzuhängen“, um den Prüfungsumfang für das Berufungsgericht zu erweitern, denn nach dem in § 129 VwGO enthaltenen Grundsatz der reformatio in peius darf das Gericht nicht zu Ungunsten des Berufungsklägers von dem erstinstanzlichen Urteil abweichen. Durch dieses Anschlussrechtsmittel wird sozusagen das Gleichgewicht wieder hergestellt. Ohne diese Möglichkeit wäre die Partei, die an sich mit der Entscheidung des VG zufrieden ist, gezwungen, präventiv Berufung einzulegen, um ihre Chancen im Falle der Berufung der anderen Partei zu wahren.
2. Bei der Anschlussberufung sind zwei verschiedene Arten zu unterscheiden:

- Die **„selbstständige“ Anschlussberufung** ist eine „normale“ Berufung und muss vom Berufungsgericht nach § 124a VwGO zugelassen werden, d.h., dass die Anschlussberufung alle Voraussetzungen einer „normalen Berufung“ erfüllen muss, insbesondere die Monatsfrist des § 124a I S. 1 VwGO wahren muss.
- Die **„unselbstständige“ Anschlussberufung** bedarf dagegen nicht der Zulassung in einem Verfahren nach §§ 124a, 127 IV VwGO. Der Zulassung bedarf nur die Hauptsacheberufung. Zudem muss der Anschlussrechtsmittelführer nicht beschwert sein.
- Wenn der Berufungsführer sein Rechtsmittel zurücknimmt oder dieses verworfen wird, zeigt sich der Unterschied: Die selbstständige Anschlussberufung ist von dem Hauptsacherechtsbehelf unabhängig, sodass über sie trotz Rücknahme der Berufung zu entscheiden ist. Anders dagegen bei der unselbstständigen Anschlussberufung: Diese wird nach § 127 V VwGO gegenstandslos, d.h., dass über sie nicht mehr entschieden wird.

Im vorliegenden Fall hat K in der ersten mündlichen Verhandlung Anschlussberufung eingelegt. Einen Antrag auf Zulassung der Berufung hat er nicht gestellt. Dieser wäre auch nicht zulässig gewesen, da K die Anschlussberufung erst nach Ablauf der Rechtsmittelfrist gestellt hat (nach dem 05.12.). Zudem ist er durch das obsiegende Urteil auch nicht beschwert, denn das Gericht hat der Klage in vollem Umfang stattgegeben. Somit hat K eine unselbstständige Anschlussberufung eingelegt, die gemäß § 127 V VwGO mit der Rücknahme der Berufung durch B gegenstandslos geworden ist. **Das Gericht entscheidet also nicht mehr über die Anschlussberufung des K.**

hemmer-Methode: Achten Sie auch hier auf eine genaue Terminologie: Der Kläger 1. Instanz kann durchaus Beklagter 2. Instanz werden, wenn der ursprüngliche Beklagte Berufung einlegt. Im Übrigen ist die Unterscheidung in selbstständige und unselbstständige Anschlussberufung weitgehend aufgegeben. Die „selbstständige“ Anschlussberufung ist eine normale Berufung, die „unselbstständige“ Anschlussberufung ist schlicht die Anschlussberufung.

Revision zum BVerwG

Die Revision zum BVerwG bestimmt sich nach §§ 132 ff. VwGO. Sie dient nicht nur dem Rechtsschutz des Bürgers, sondern auch der Bindung von Exekutive und Legislative an das Gesetz, der Einheitlichkeit der Rspr. und der Fortbildung des Rechts. Daraus ergibt sich auch der auf rechtliche Fragen beschränkte Prüfungsumfang des BVerwG, §§ 137, 138 VwGO.

Erstellen Sie ein Prüfungsschema für die Zulässigkeit einer Revision!

Zulässigkeit der Revision:

1. Statthaftigkeit, § 132 I VwGO: gegen Urteile des OVGs (Berufungsurteile, erstinstanzliche Urteile nach § 48 VwGO, Gerichtsbescheide nach § 84 II Nr. 1 VwGO und Entscheidungen im Normenkontrollverfahren nach § 47 V S. 1 VwGO), wenn vom OVG oder auf Beschwerde gegen die Nichtzulassung (§ 133 VwGO) vom BVerwG zugelassen

2. Revisionsberechtigung, § 132 I VwGO: alle Beteiligte, § 63 VwGO (also auch der VöI)

3. Beschwer

4. Form:

- schriftlich, § 139 I S. 1VwGO beim OVG oder beim VG, § 139 I S. 1, 2 VwGO
- von einem zugelassenen Prozessvertreter unterschrieben, § 67 I VwGO (Anwaltszwang)
- Bezeichnung des angefochtenen Urteils, § 139 I S. 3 VwGO
- bestimmter Revisionsantrag (spätestens in Revisionsbegründung)

5. Frist: innerhalb eines Monats nach Zustellung des vollständigen Urteils bzw. des Beschlusses über die Zulassung der Revision ist Revision einzulegen (§ 139 I S. 1 VwGO Revisionsfrist); innerhalb von zwei Monaten nach Zustellung ist sie zu begründen (§ 139 III S. 1 VwGO Revisionsbegründungsfrist)

6. Sonstige Zulässigkeitsvoraussetzungen: z.B. persönliche Sachurteilsvoraussetzungen

hemmer-Methode: Auch die Revision muss zugelassen werden. Dies erfolgt entweder direkt nach Maßgabe des § 132 II VwGO durch das OVG oder auf eine Beschwerde gegen die Nichtzulassung nach § 133 VwGO. Die Nichtzulassungsbeschwerde wird in der Klausur wohl keine große Rolle spielen. Sie sollten sich aber dennoch einmal § 133 VwGO genau durchlesen, damit Sie dessen Systematik verstehen.

Für die Sprungrevision (Revision gegen ein Urteil des VG, § 134 VwGO) ist § 134 II VwGO zu beachten, der die Zulassungsgründe auf § 132 II Nr. 1, 2 VwGO beschränkt.

I.R.d. Begründetheitsprüfung der Revision kommt es zu einer Schachtelprüfung, die viel komplizierter wirkt als sie es wirklich ist. Gerade im Bereich der Zulässigkeitsfragen kann viel auf bereits geprüfte Punkte verwiesen werden, sodass man i.d.R. schnell zu den wesentlichen materiell-rechtlichen Problemen kommt, die wie bei der Entscheidung des VGs nach gewohnter Art und Weise bearbeitet werden können.

Erstellen Sie ein Prüfungsschema für die Begründetheit der Revision!

Begründetheit der Revision:

Die Revision ist begründet, wenn das angefochtene Urteil auf der Verletzung revisiblen Rechts beruht (§ 137 I VwGO) und sich die Entscheidung auch nicht aus anderen Gründen als richtig darstellt (§ 144 IV VwGO). An die tatsächlichen Feststellungen ist das BVerwG gebunden (§ 137 II VwGO).

1. Rechtsverletzung

a) Zulässigkeit der Berufung

b) Begründetheit der Berufung

- Zulässigkeit der Ausgangsklage
- Begründetheit der Ausgangsklage
- Verfahrensfehler der Ausgangsklage
- Verfahrensfehler der Berufung

2. Revisibilität der verletzten Norm, § 137 I VwGO

- § 137 I Nr. 1 VwGO: Bundesrecht (GG, förmliche Bundesgesetze, Rechtsverordnungen, Völkerrecht i.S.d. Art. 25 GG, EG-Normen, aus Bundesrecht abgeleitete Rechtsgrundsätze)
- § 137 I Nr. 2 VwGO: Landes-VwVfGe

3. Beruhen der Entscheidung auf dem Rechtsverstoß

Möglichkeit, dass das Gericht ohne den Rechtsverstoß zu einem für den Rechtsmittelführer sachlich günstigeren Ergebnis hätte kommen können; Fiktion bei Fällen des § 138 VwGO

hemmer-Methode: Die Entscheidungsmöglichkeiten, die das BVerwG bei der Revision hat, sind in § 144 VwGO geregelt: Danach verwirft es die Revision, wenn sie unzulässig ist. Ist die Revision unbegründet, so wird sie zurückgewiesen. Ist sie dagegen begründet, so kann das Gericht entweder in der Sache selbst entscheiden oder das angefochtene Urteil aufheben und die Sache zur anderweitigen Verhandlung und Entscheidung zurückverweisen. Sie sehen, dass gerade im Bereich der Rechtsmittel eine genaue Terminologie sehr wichtig ist.

Das Rechtsmittel der Beschwerde nach §§ 146 ff. VwGO unterscheidet sich von der Berufung und der Revision dadurch, dass sie nur in den Grenzen des § 149 VwGO Suspensivwirkung entfaltet, also bei Beschwerden gegen Festsetzungen von Ordnungs- oder Zwangsmitteln. Der Devolutiveffekt tritt nur dann ein, wenn das VG der Beschwerde nicht abhilft und sie daraufhin dem OVG vorlegt, § 148 VwGO.

Nachbar N hat gegen die dem B aufgrund eines neuen Bebauungsplans erteilte Baugenehmigung Klage erhoben. Er hält bereits den Plan für ungültig. Mit der Sache ist auch Richter R befasst, der ebenfalls im Gebiet des Bebauungsplans ein Grundstück besitzt, auf dem er ein Mehrfamilienhaus errichten will. N hat bei Gericht einen Antrag auf Ablehnung des R gestellt, da er diesen für befangen hält. Durch Beschluss wird dieses Ablehnungsgesuch für unbegründet erklärt. N erhebt gegen diesen Beschluss Beschwerde, der vom VG nicht abgeholfen wird.

Ist die Beschwerde zulässig?

I. Zulässigkeit der Beschwerde

1. Statthaftigkeit

Die Beschwerde ist gemäß § 146 I VwGO statthaft gegen Entscheidungen des VGs (zu Entscheidungen des OVG vgl. § 152 VwGO), des Vorsitzenden Richters oder des Berichterstatters, die nicht Urteile oder Gerichtsbescheide sind und die nicht durch Gesetz von der Beschwerde ausgeschlossen sind (z.B. §§ 146 II - III, 60 V VwGO; § 80 AsylVfG). Hier hat das Gericht das Ausschließungsbegehren des N nach § 54 I VwGO, §§ 42 I, 44 I ZPO durch Beschluss nach § 54 I VwGO, § 46 I ZPO zurückgewiesen. Somit ist die Beschwerde statthaftes Rechtsmittel.

2. Rechtsmittelberechtigung

N ist als Kläger Beteiligter nach § 63 Nr. 1 VwGO, sodass er berechtigt ist, Beschwerde einzulegen, § 146 I VwGO.

3. Beschwer

Außer dem Kläger und dem Beklagten müssen alle Beteiligten eine materielle Beschwer nachweisen. B als Kläger braucht also nur formell beschwert zu sein. Da die Entscheidung des Gerichts hinter seinem Antrag zurückgeblieben ist, ist B beschwert.

4. Form und Frist

Die Beschwerde ist nach § 147 I VwGO innerhalb von zwei Wochen schriftlich oder zur Niederschrift der Geschäftsstelle bei dem Gericht, dessen Entscheidung angegriffen wird, einzulegen. In analoger Anwendung des § 124a III S. 4 VwGO ist in der schriftlichen Beschwerde die angefochtene Entscheidung zu benennen und ein Antrag zu stellen. Mangels gegenteiliger Sachverhaltsangaben ist hier von einer ordnungsgemäßen Beschwerde auszugehen. Eine fristgerechte Begründung muss nur in den Fällen des § 146 IV VwGO erfolgen. **Damit ist die Beschwerde zulässig.**

hemmer-Methode: Die Beschwerde ist begründet, wenn die Entscheidung unzulässig, verfahrenswidrig oder unbegründet ist. Es ergibt sich also auch hier wieder der für die Begründetheitsprüfung der Rechtsmittel typische Schachtelaufbau:

1. Zulässigkeit des Beschlusses

2. Verfahrensfehler

3. Begründetheit des Beschlusses

-> Rechtmäßigkeit der Maßnahme (hier: Befangenheit des R)

Die Wiederaufnahme des Verfahrens gemäß § 153 VwGO, §§ 578 ff. ZPO hat zum Ziel, eine bereits rechtskräftige Entscheidung zu beseitigen und durch eine neue zu ersetzen. Dafür muss zuerst ein prozessuales Gestaltungsurteil erwirkt werden, durch das das Urteil rückwirkend aufgehoben wird. Danach erfolgt eine neue Verhandlung und Entscheidung in der Hauptsache.

Die Stadt S hat B eine Baugenehmigung erteilt, nachdem es vom VG dazu verpflichtet wurde, § 113 V S. 1 VwGO. Nachdem das Urteil des VGs rechtskräftig geworden ist, stellt sich heraus, dass B dem Gericht gefälschte Unterlagen vorgelegt hat. B ist deswegen auch nach § 267 StGB verurteilt worden. Die Stadt erhebt nun beim VG form- und fristgerecht Klage auf Wiederaufnahme des Verfahrens.

Mit Erfolg?

I. Zulässigkeit der Wiederaufnahme

1. Die Wiederaufnahme ist statthaft gegen Urteile (§ 153 I VwGO, § 578 ZPO), Gerichtsbescheide (§ 84 III VwGO) und Beschlüsse, die ein Verfahren rechtskräftig abschließen (§ 153 I VwGO), sobald die Rechtskraft eingetreten ist. Hier möchte die Stadt gegen das Urteil des VGs vorgehen, sodass die Wiederaufnahme statthaft ist.

2. Klagebefugt sind alle Beteiligten (§ 63 VwGO), die auch rechtsmittelberechtigt gewesen wären. Als Beklagte des ursprünglichen Verfahrens ist die Stadt S Beteiligte und damit klagebefugt.

3. Wegen der Ähnlichkeit zu den Rechtsmitteln ist auch eine Beschwer erforderlich. Im Verwaltungsrecht reicht auch für den Beklagten die formelle Beschwer, sodass S schon deshalb beschwert ist, weil das Urteil für sie nachteilig war.

4. Zuständig für das Wiederaufnahmeverfahren ist das Gericht, das im ersten Rechtszug erkannt hat, § 584 ZPO, hier also das VG.

5. Der Inhalt der Klageschrift muss § 81 VwGO und §§ 587 ff. ZPO entsprechen. Insbesondere muss ein zulässiger Klagegrund behauptet werden (entweder schwerer Verfahrensfehler nach § 579 ZPO, Nichtigkeitsklage, oder Fall der unrichtigen bzw. unzulänglichen Entscheidungsgrundlage nach § 580 ZPO, Restitutionsklage). Ob ein Klagegrund tatsächlich vorliegt, ist dann aber eine Frage der Begründetheit.

6. Auch die Monatsfrist nach § 586 ZPO wurde eingehalten.

7. B ist nach § 267 StGB wegen Urkundenfälschung rechtskräftig verurteilt worden und die Stadt war mangels Kenntnis auch nicht in der Lage, die Urkundenfälschung vorher zu rügen, sodass die Voraussetzungen der hier in Betracht kommenden Klage nach §§ 580 ff. ZPO erfüllt sind. **Damit ist die Wiederaufnahmeklage zulässig.**

II. Begründetheit der Wiederaufnahme: Die Wiederaufnahmeklage ist begründet, wenn ein Nichtigkeits- oder Restitutionsgrund besteht. Hier hat B dem Gericht gefälschte Unterlagen vorgelegt, sodass ein Restitutionsgrund nach § 580 Nr. 2 ZPO vorliegt. Folglich ist die Wiederaufnahme auch begründet.

III. Neue Verhandlung und Entscheidung in der Hauptsache: Da die Wiederaufnahme zulässig und begründet ist, entscheidet das VG in der Hauptsache neu. Ob die Voraussetzungen für die Erteilung der Baugenehmigung tatsächlich vorliegen, geht aus dem Sachverhalt nicht hervor.

hemmer-Methode: Die Wiederaufnahmeklage ist kein Rechtsmittel, sondern ein außerordentlicher Rechtsbehelf, sodass sie weder Devolutiv- noch Suspensiveffekt hat.

Stichwortverzeichnis

D

E

F

G

H

I

K

L

S

T